ORIENTAÇÕES PARA ELABORAÇÃO DE PROJETOS E MONOGRAFIAS

Dados Internacionais de Catalogação na Publicação (CIP)
(Câmara Brasileira do Livro, SP, Brasil)

Diez, Carmem Lúcia Fornari
Orientações para elaboração de projetos e monografias / Carmem Lúcia Fornari Diez, Geraldo Balduino Horn. – 3. ed. revista e atualizada – Petrópolis, RJ : Vozes, 2013.
ISBN 978-85-326-3091-9
Bibliografia
1. Pesquisa – Metodologia 2. Redação acadêmica 3. Trabalhos científicos – Metodologia – 4. Trabalhos científicos – Normas I. Horn, Geraldo Balduino. II. Título.

04-6633 CDD-808.066

Índices para catálogo sistemático:

1. Trabalhos acadêmicos : Metodologia : Retórica
808.066

Carmem Lúcia Fornari Diez
Geraldo Balduino Horn

Orientações para elaboração de projetos e monografias

EDITORA VOZES
Petrópolis

Rua Frei Luís, 100
25689-900 Petrópolis, RJ
Internet: http://www.vozes.com.br
Brasil

Diretor editorial
Frei Antônio Moser

Editores
Aline dos Santos Carneiro
José Maria da Silva
Lídio Peretti
Marilac Loraine Oleniki

Secretário executivo
João Batista Kreuch

Editoração: Ana Kronemberger
Projeto gráfico: Sheilandre Desenv. Gráfico
Capa: Aquarella Comunicação Integrada

ISBN 978-85-326-3091-9

Editado conforme o novo acordo ortográfico.

Este livro foi composto e impresso pela Editora Vozes Ltda.

Os sapatos ficam entre os pés e o chão,
no que são como as palavras. As meias entre
os pés e os sapatos, como os adjetivos.
Os verbos, passos. Cadarços, laços.
Os pés caminham lado a lado, calçados.
Sapatos são calçados. Porque são e
porque são usados. Palavras
são pedaços. Os pés descalços
caminham calados.
Arnaldo Antunes

Sumário

Índice de ilustrações

FIGURAS

QUADROS e TABELAS

Apresentação

Para apresentar o trabalho de Carmen e Geraldo tomo como ponto de partida a afirmação de Wittgenstein de que "os limites da linguagem são os limites do mundo". Este mago dos "jogos de linguagem", com esta pequena frase, nos provoca a pensar e a multiplicar as possibilidades do pensar sobre a importância da palavra, e se enfocamos o âmbito da educação, tal provocação se transpõe às necessidades do professor articular ou escrever a palavra, tanto para comunicar-se nas práticas educativas cotidianas como para expressar tais práticas e, com isto, construir o conhecimento. Se os limites da linguagem são os limites do mundo, pelo menos duas direções de reflexão daí emergem: a primeira, da linguagem em relação ao mundo; e a segunda do mundo em relação à linguagem. Assim, no primeiro caso, faz-se mister o aprimoramento da capacidade de dizer esse mundo em sua grandiosidade; do segundo, depreende-se que, se a linguagem é restrita, o mundo também o é. Porém, se a linguagem se amplia, o mundo também se amplia. E neste ponto está a questão fundamental deste trabalho sobre a construção do texto acadêmico, dirigido às pós-graduações, especialmente das áreas de ciências humanas e sociais.

Uma vez que este trabalho tem como alvo a produção do conhecimento, em especial nas ciências humanas, área de formação cujos cursos, tanto de graduação como de especialização, são frequentados por muitos atuais ou futuros professores da Educação Básica, entendemos a relevância da proposta de instrumentalização metodológica da produção acadêmica, pois ao enunciar as práticas educativas o professor amplia sua linguagem e amplia seu mundo. Tal crescimento, com certeza, é contagioso, portanto, acarretará a expansão da educação.

Prof. Dr. Domênico Costella
Curitiba, 20 de março de 2004.

Introdução

Este livro tem por objetivo auxiliar o estudante no processo de confecção de trabalhos acadêmicos de modo geral e, particularmente, da monografia. Este material contém as orientações básicas para a elaboração de todas as etapas do projeto e da monografia, oferecendo ao aluno subsídios teóricos e metodológicos para o encaminhamento da atividade de pesquisa e construção textual do discurso científico. Apresenta, também, as normas técnicas para a comunicação formal do trabalho, bem como os itens necessários para apresentação final da monografia.

O sentido deste *corpus* teórico-metodológico é propedêutico e está vinculado às demandas da escrita acadêmica.

Propedêutico é a conjunção de duas palavras gregas – *pró* e *paideutikós* – expressivas do propósito da disciplina Metodologia da Pesquisa em Educação. *Pró* significa "movimento para diante", "posição em frente" e "disposição anterior, antecipada", indicando a necessidade de elementos estratégicos e preparatórios para lograr situações mais avançadas; *paideutikós* identifica a relação com a *Paideia*[1], o ideal grego de educação integral. Ora, se a especialização em educação tem como fim último o resgate da *Paideia* grega, símbolo universal da qualidade do ensino, entende-se que o especialista a se formar deverá atingir a excelência na elaboração de saberes relativos à área, condição *sine qua non* às práticas pedagógicas primazes.

Assim, a tarefa da metodologia da pesquisa é instrumentalizar o pesquisador em sua produção acadêmica, possibilitando o manejo de recursos instigadores de ultrapassagens teóricas e práticas. Tem também a finalidade de orientar os trabalhos monográficos que se desenvolverão durante a operacionalização dos cursos universitários e de pós-graduação. Ao final destes cursos, os participan-

1. "Paideia – Educação ou cultivo das crianças, instrução, cultura. O verbo *paideúo* significa: educar uma criança (*país-paidós* em grego), instruir, formar, dar formação, dar educação, ensinar os valores, os ofícios, as técnicas, transmitir ideias e valores para formar o espírito e o caráter, formar para um gênero de vida" (CHAUÍ, 1994, p. 356).

tes devem apresentar, como trabalho conclusivo, uma monografia, atendendo à exigência legal expressa na Resolução n. 01, da Câmara de Educação Superior (CES) do Conselho Nacional de Educação (CNE), de 3 de abril de 2001 ou da normatização peculiar a cada curso.

Dada a importância atribuída à atividade de pesquisa e à comunicação formal de seus resultados conforme normas técnicas que regem a confecção de trabalhos científicos, pretende-se, com a publicação deste texto, reunir diretrizes que venham constituir orientações básicas para os alunos na apresentação padronizada de suas monografias.

É importante ressaltar que a elaboração deste material tem, como principal motivação, as dificuldades que os alunos vêm apresentando ao utilizarem, na construção de seus trabalhos monográficos, normas técnicas colhidas em diferentes fontes de informação. Entretanto, deve-se considerá-lo apenas como um conjunto de orientações básicas que possam dar apoio técnico ao aluno pesquisador na produção e apresentação de suas monografias, jamais como um elenco de diretrizes rígidas a seguir.

Convém ainda informar que, ao se organizar o conteúdo do presente material de apoio técnico, houve a preocupação de divulgar subsídios teóricos que fundamentam a metodologia científica, principalmente em pesquisa voltada às ciências humanas.

1
Pesquisa: Questões técnicas e metodológicas

1.1 PESQUISA, ENSINO E CONHECIMENTO

A pesquisa é o fundamento, a atividade básica de toda e qualquer ciência, permitindo expressar, em forma de conhecimento, o mundo objetivo. As áreas do conhecimento humano que hoje são definidas como ciência eram, na sua origem, campos vagos e genéricos de possibilidades, que foram sendo, ao longo dos tempos, delimitados e delineados através de pesquisas e estudos metodológicos. O estatuto científico de cada área do conhecimento é resultante do esforço teórico-prático do ser humano em contato com a natureza e consigo mesmo.

Com o advento da sociedade moderna, a pesquisa assumiu papel fundamental como atividade científica, pois, investigando uma rica realidade, que se estende infinitamente, gera cada vez mais ciência e tecnologia. A realidade, entretanto, não se transforma mecanicamente em ciência e tecnologia, não se desvenda na superfície, isto é, não se a conhece pelas aparências, nem mesmo os esquemas explicativos dos quais se dispõe conseguem dar conta de todos os seus aspectos. A realidade é inesgotável, não é possível explicá-la totalmente, ou seja, sempre existe o que descobrir.

Este fato, por si só, justifica a pesquisa como instrumento essencial de trabalho nos novos campos de investigação.

É comum, nos meios acadêmicos, duas interpretações sobre a relação pesquisa-ensino-ciência:

a) a ideia de que pesquisa e ensino são elementos de realidades absolutamente diferentes e não se relacionam; de que transmitir conhecimento é uma atividade específica e subsequente, não podendo ser confundida com produção de conhecimento científico;

b) o pressuposto de que a pesquisa e o ensino são elementos indissociáveis – duas faces da mesma moeda – vistos sob a perspectiva de um novo paradigma pedagógico: não mais a mera transmissão do conhecimento, mas a sua produção.

Na primeira versão da relação pesquisa-ensino-ciência não cabe o fator pesquisa no ensino. Estando **pronta** a ciência, basta transmiti-la. Ensino é, pois, transmissão e assimilação de conhecimento, jamais sua criação ou produção. Só tem sentido ensinar o que é científico e que, portanto, já foi pesquisado e comprovado cientificamente.

A concepção que se evidencia no parágrafo anterior pauta-se nos moldes convencionais de que o conhecimento é produzido na academia, cabendo à Educação Básica divulgá-lo, como prescreve a legislação. Assim sendo, a LDB, lei 9.394/96 não avança muito na perspectiva de superação dessa primeira versão, visto que no capítulo sobre a Educação Básica encontraremos a seguinte proposição:

> Art. 22. A educação básica tem por finalidade desenvolver o educando, assegurar-lhe a formação comum indispensável para o exercício da cidadania e fornecer-lhe meios para progredir no trabalho e em estudos posteriores. No tocante à Educação Superior, podemos observar a existência de vários incisos que tratam de sua finalidade. Entre os que evidenciam tal afirmação podemos destacar:
>
> Art. 43. A educação superior tem por finalidade:
>
> I – estimular a criação cultural e o desenvolvimento do espírito científico e do pensamento reflexivo;
>
> III – incentivar o trabalho de pesquisa e investigação científica, visando o desenvolvimento da ciência e da tecnologia e da criação e difusão da cultura, e, desse modo, desenvolver o entendimento do homem e do meio em que vive;
>
> VII – promover a extensão, aberta à participação da população, visando à difusão das conquistas e benefícios resultantes da criação cultural e da pesquisa científica e tecnológica geradas na instituição.

É possível perceber que a própria legislação ressalta uma clara dicotomia: há um espaço/lugar onde se produz saber e outro onde este saber é divulgado e consumido. Como se não bastasse, o mesmo problema é reproduzido na também docência universitária. No interior da academia há os que produzem saber dedicando-se integralmente à pesquisa na pós-graduação e há aqueles que só transmitem este saber – os professores de menor *status* institucional[2] – que atuam, quase com exclusividade, na graduação.

---

2. Em muitos casos este *status* se relaciona à titulação do professor – que não o habilita para atuar na pós –, e outros, às políticas institucionais ou até mesmo às disputas por poder.

Na segunda concepção da relação pesquisa-ensino-ciência, a pesquisa é vista como princípio científico que se realiza no contexto do ensino. Esta visão não é tão recente nos meios acadêmicos, pois a Escola Nova[3] já apresentava tal preocupação. Há, no entanto, que se reforçar a ideia de que, sob este prisma, pesquisar significa vivenciar a realidade, dialogando com ela criativa e criticamente. A pesquisa, assim concebida e praticada, pode ocorrer desde muito cedo, começando na infância e se estendendo por toda a vida, o que faz dela requisito de vida, progresso e cidadania. Por isso, há um engano na habitual afirmação de que o *locus* da pesquisa é unicamente a academia, mais especificamente a pós-graduação, pois o diálogo com a realidade e sua consequente sistematização antecedem e excedem essa topologia e temporalidade.

Propõe-se, aqui, a defesa desta segunda tese como possibilidade de resgatar a dimensão político-cultural e o rigor metodológico do ensino e, acima de tudo, de propiciar a criatividade na construção de novos caminhos para o conhecimento.

Antes de tudo, é importante desmitificar a separação formal existente entre pesquisa e ensino nos vários níveis, denunciando a existência de funções implícita ou explicitamente institucionalizadas, que fazem com que a grande maioria dos professores se ocupe apenas em ensinar (reproduzir) e, por outro lado, um pequeno grupo privilegiado se encarregue de pesquisar (produzir saber).

Esta elitização da pesquisa, de um lado, e a proletarização do ensino, de outro, em grande parte deve-se ao estigma presente no próprio ensino universitário: mitificou-se a pesquisa, cercando-a de *status* especial, de fórmulas metodológicas e de técnicas que ensinam como produzir, trabalhar e utilizar dados. Tal procedimento pode resultar em banalizações e dissemina uma concepção de ciência atrelada ao empirismo e ao positivismo que, como já sabemos, é frágil e superada.

Para que haja um avanço no sentido de romper com os preconceitos, os equívocos, os receios, o corporativismo e as práticas de cerceamento, em favor de uma nova concepção de ciência, é premente entender que seu fundamento último é a pesquisa vinculada ao ensino. Isto ocorre, por exemplo, na Europa, embora com excessiva elitização: a pesquisa se restringe à academia. Não há distinção, em nível de terceiro grau, dos termos professor e pesquisador. É

3. A Escola Nova, ao elaborar a crítica ao ensino tradicional, adotou uma nova postura que exigiu a utilização da pesquisa, não tomada como elemento central da proposta, mas como instrumental à sua viabilização.

professor aquele que, tendo conquistado espaço acadêmico próprio através da produção, tem bagagem suficiente e está preparado para ensinar.

Na perspectiva que se vem discutindo até o momento há que se enfatizar a importância do conceito de pesquisa vinculada ao ensino, para que se possa dar um salto qualitativo na questão do conhecimento. E, nesse sentido, é importante entender que a pesquisa é um posicionamento político, não é uma atividade isolada, sem continuidade, especial, mas uma postura de perquirir sempre o não desvendado, de rever sob outros prismas o já conhecido. Pesquisar é um processo que deve estar presente em toda ação educativa, como seu princípio e como pré-requisito de qualquer projeto emancipatório.

Portanto, trata-se de situar a pesquisa em sua significação práxica, como instrumento didático-pedagógico e como prática cotidiana de intervenção na realidade, não como mero recurso de que o professor dispõe esporadicamente, mais como desencargo de consciência que propriamente como um compromisso com a produção do conhecimento histórico e a construção da ciência. A pesquisa, quando concebida como um compromisso social ou como hominização, constitui-se em fenômeno político na medida em que seu resultado reflete sempre interesses de que se serve o professor/pesquisador, por mais que se considere neutro ou que se esconda por trás de sofisticadas técnicas ao realizá-la.

A pesquisa, da forma como aqui é empregada, é uma atividade teórico-prática sempre empenhada em perscrutar a realidade histórico-social. Esta perspectiva encontra ressonância em Vieira Pinto, para quem a pesquisa é "...o momento culminante de um processo de extrema amplitude e complexidade pelo qual o homem realiza sua suprema possibilidade existencial, aquela que dá conteúdo à sua essência de animal que conquistou a racionalidade: possibilidade de dominar a natureza, transformá-la, adaptá-la às suas necessidades" (PINTO, 1985, p. 13).

Para o autor, a pesquisa está relacionada à atividade prática (trabalho humano) porque, assim como qualquer trabalho, define-se como transformação da realidade pela ação construtiva do homem. A prática da pesquisa como trabalho surge com finalidades definidas, ligadas a determinadas necessidades da existência humana. Assim como o trabalho, a prática de pesquisar (dimensão teórica) resulta no aumento do domínio do homem sobre a natureza e, por conseguinte, em sentido lato, no surgimento da cultura.

> Definimos a pesquisa científica fundamentalmente como um ato de trabalho sobre a realidade objetiva. Sendo um ato de trabalho [...] consiste em conhecer o mundo no qual o homem atua [...] é sempre pro-

> dutiva, inscreve-se entre as modalidades da produção social [...] o trabalho de pesquisa científica faz-se sempre dirigido por uma finalidade, que, sendo apanágio da consciência, dá a esse ato o caráter existencial que nele devemos reconhecer (PINTO, 1985, p. 457).

Assim, a pesquisa é o meio de emancipação, humanização, realização e produção da existência humana. Este é, para Demo (1991), o verdadeiro fundamento da pesquisa enquanto princípio educativo e científico. Sob esse prisma, desnuda-se a pesquisa acadêmica dos mistérios que a encobriram idealizando-a como atividade destinada a poucos seres privilegiados – quase divinos em sua sabedoria – que segredam conhecimentos fabulosos: o mito pesquisa é imagem simplista e atemorizante, é fundado no abuso da credulidade social a respeito da ciência.

Refletir sobre a pesquisa em uma pós-graduação em educação significa trazer à consciência a própria natureza desta instância acadêmica. O paradoxo que daí emerge é que essa atividade intelectual é, a um só tempo, o cerne da pós-graduação e também seu nó górdio, porque transformada pelas práticas sociais na condição de inclusão ou exclusão de seus atores em relação à universidade e, de certa forma, a algum mercado profissional mais promissor.

Para que se delineie um escopo à investigação acadêmica há que se enunciar os atributos essenciais e específicos do que, em parceria com a reflexão, é seu produto, diverso em complexidade, aprofundamento e alcance conforme o nível do estudo, do *lato sensu* – aperfeiçoamento e especialização –, ao *stricto sensu* – mestrado e doutorado[4].

Assim, a produção acadêmica emerge da busca de respostas que aprecia e julga as fontes de pesquisa, entrelaçando-as em teias específicas, enfocando objetos mais extensos e superficiais nos cursos *lato sensu*, e com maior aprofundamento, rigor e exatidão no nível *stricto sensu*. Essa lógica decorre do entendimento que a construção do conhecimento se dá em um movimento crescente, do simples

4. Há ainda o pós-doutorado, para o qual há, gradativamente, aumento da procura. Porém, há que se explicitar sobre tal instância não conceder nenhuma titulação, pois é, para o doutorado, o mesmo que o aperfeiçoamento para a graduação. Assim como ninguém se intitula **aperfeiçoado**, também não procede predicar-se **pós-doutorado**. Alguns, por esnobismo ou desconhecimento utilizam **PhD** para indicar que ultrapassaram os níveis anteriores de *stricto sensu*. Tal denominação é imprópria, pois apenas é a abreviação da expressão, oriunda do latim, de ***Philosophiae Doctor***, que significa **doutor em filosofia**. Como alguma matéria de filosofia, a exemplo da metodologia científica, sempre integra os currículos dos doutorados, passou a ser entendido que todo doutor – de qualquer área – também é doutor em filosofia. Assim todo título **Dr.**, também é **PhD**.

ao complexo, e de um plano horizontal de uma percepção mais global, a uma verticalidade que recorta e delimita cada vez mais seu objeto, para apreendê-lo em suas minúcias.

A distinção enunciada recorta as especificidades das abordagens a serem desenvolvidas nos quatro patamares da pós-graduação, sendo que os primeiros planos têm por alvo a iniciação de uma investigação não mais restrita ao exercício profissional, como na graduação, mas à produção do conhecimento. O entendimento é de que o pesquisador, para chegar a delimitar com propriedade um objeto de estudo, sobre o qual deverá ter o domínio no mestrado e abordá-lo com originalidade no doutorado – ambos de *stricto sensu* –, precisa perceber, com anterioridade, um fenômeno em sua vastidão.

Essas determinações estão assentes nas pós-graduações, mas não se fazem explícitas, de forma que o aluno iniciante transforma a monografia em mito, ansiando por projetá-la e produzi-la com originalidade. Se, no mestrado, essa originalidade já não é lugar-comum, ao se transpor esse conflito para a especialização, observa-se o pânico e o desentendimento em relação ao texto que deve ser produzido.

Assim, à medida, por exemplo, em que a dissertação seja entendida em moldes semelhantes à tese de doutorado, obviamente se tenderá a exigir originalidade e um nível elevado de sofisticação teórica, além de se supor tacitamente um grau de autonomia intelectual que em média não tem estado presente nos alunos de mestrado (SAVIANI, 1998, p. 2).

A não clareza quanto às especificidades de cada plano investigativo alocou a disciplina de Metodologia da Pesquisa na oscilação entre o Olimpo e o Aqueronte, ou seja, entre o céu e o inferno, turvando a visão sobre a principal atividade da pós-graduação.

Ocorrem então as distorções: enquanto o orientador tem a expectativa de que o próprio aluno defina com autonomia seu objeto de estudo, problematize-o, opte por uma sustentação teórica e estabeleça a metodologia de investigação e análise, o discente se desespera e procura auxílio de outros docentes, transporta pilhas de livros sem pertinência – e que raramente lê –, ou encomenda a monografia com profissionais da escrita – cada vez mais borbotados nos baldios das academias.

Saviani (1998) assevera que os cursos de pós-graduação *lato sensu* se dirigem ao aprimoramento – cursos de aperfeiçoamento – ou aprofundamento – cursos de especialização –, em relação à formação profissional básica da graduação correspondente. Por outro lado, os cursos *stricto sensu* possuem objetivo próprio e distinto dos cursos de graduação, sendo, por isso mesmo, considerados cursos de pós-graduação propriamente ditos. Assim é que, diferentemente dos cursos de graduação que estão voltados para a formação profissional, a pós-graduação *stricto sensu* se volta para a formação acadêmica traduzida especificamente no objetivo de formação de pesquisadores, possibilitando a continuidade investigativa aos especialistas estimulados à produção do saber. Nos últimos anos tal tradição caiu por terra, com a multiplicação de mestrados profissionalizantes, especialmente nas ciências exatas e ciências da saúde. Dos níveis de exigência para as instâncias citadas emerge o ajuizamento sobre o sentido da pesquisa em cada nível acadêmico, enfocada no âmbito das ciências humanas e sociais, como arcabouço para a produção intelectual pertinente.

A pesquisa na graduação é orientada à iniciação científica, uma vez que a universidade se funda no tripé ensino-pesquisa-extensão e que os acadêmicos de primeiro nível devem ser incentivados à busca da produção do saber. Na pós, no nível *lato sensu,* a atividade investigativa pretente realizar a intensificação das noções iniciais. Deste modo, a pesquisa nestas duas instâncias:

a) prescinde de delimitação estrita de objeto – no sentido da circunscrição esperada nos mestrados e doutorados ou na área das ciências naturais;

b) desobriga o aluno da pesquisa empírica – habitualmente dirigida a saberes técnicos específicos, portanto dissociados das práticas pedagógicas;

c) é eximida da originalidade idealizada.

Isto não significa que a pesquisa seja relegada a segundo plano, mas que é nessas instâncias – de iniciação – que o sentido da busca seja compreendido e introjetado. Assim, perquirindo a percepção ampla de uma questão, a revisão de literatura é priorizada como arcabouço necessário para delimitações temáticas futuras e para escolhas de referenciais teóricos, ao desenvolvimento da condição de tecer com originalidade os vestígios da existência vinculados a um objeto do terreno das ciências humanas e sociais.

Além disso, considerado o desiderato enunciado por Saviani, da formação profissional, o texto monográfico deve estabelecer liames entre a literatura analisada e as práticas pedagógicas em reflexão crítica significativa.

1.2 A ESCRITA ACADÊMICA

Um texto é uma tessitura de significados constituída no entrelaçamento físico de vestígios, é a fixação, em um suporte material, da obra humana na história. Cunha entende que um texto é todo suporte material que porta uma mensagem, sendo o texto acadêmico um tecido urdido intelectualmente, que resulta da trama que cada tecelão realiza distintamente – lançando mão de sinais diversos ou similares.

Cunha (1992) vê similaridade entre investigação e viagem, considerando que ambas almejam a surpresa, ou seja, de viver experiência e ver o desconhecido do imaginário e de locais, respectivamente. Assim, investigar é captar vestígios da existência, recolher os indícios das realidades propondo ligações, decifrar os testemunhos possíveis desses rastros, desses sinais que o homem imprime em sua trajetória, buscar apropriar-se dessas manifestações de vivências, para experimentá-las, apreendê-las.

A apreensão de vestígios implica enfocar um objeto investigando-o, fazendo-lhe perguntas, isto é, problematizando-o. Após captados, os sinais são organizados pela reflexão, ou seja, a consciência volta sua atenção para olhar como se divisa o perquirido, como se dá a presença do objeto observado na própria consciência. Uma revisão de literatura consequente é o pré-requisito para o êxito da proposta, pois esta embasará um olhar fundamentado que realiza uma interpretação superadora do senso comum e da visão singela restrita à empiria. A leitura de autores amplia o entendimento do pesquisador permitindo que em determinado momento do processo ele enfoque o mesmo objeto de um outro prisma, que encontre pontos analógicos entre as teorias e a prática pedagógica, que experimente mirar uma certa descontinuidade entre as coisas e o foco das percepções usuais, culminando com um *insight* sobre a questão que o instiga. A reflexão é, pois, "...tomar como objeto da consciência o próprio ato de consciência das coisas..." (CUNHA, 1992, [s.p.]) por um ensimesmamento, um espanto, enfim, o momento que popularmente é conhecido como do **cair a ficha**. E é este o instante de uma verdadeira hermenêutica que apreende os referenciais dos autores e os relaciona com a realidade educacional. É também o solo do qual brota a originalidade, a paixão pelo saber e a provocação ao aprofundamento e delimitação de pesquisas direcionadas à construção do saber.

1.3 MODALIDADES DE PESQUISA

Uma vez definido o que se pretende investigar[5], o pesquisador depara-se com outro desafio tão significativo quanto este, ou seja, como desenvolver a pesquisa, que procedimentos e técnicas devem ser utilizados para atingir os resultados almejados. Trata-se de uma preocupação legítima e de grande relevância, ao menos em dois sentidos: o primeiro está vinculado à impossibilidade de se elaborar uma pesquisa sem que se defina sua natureza metodológica, sem determinar os pressupostos metodológicos que a sustentam e com quais procedimentos será desenvolvida; o segundo sentido decorre do entendimento de que uma abordagem metodológica não se dá *a priori*, ao contrário, origina-se na escolha do projeto. Assim, é preciso determinar antes o que pesquisar e depois como fazê-lo.

Portanto, é de suma importância apresentar o embasamento teórico-metodológico que torna viável as respostas a serem encontradas às questões levantadas ou à problemática sugerida. Para tanto, é preciso explicitar a forma da pesquisa detalhando o método de abordagem pelo qual se pretende chegar ao resultado desejado, o caminho que se pretende trilhar, especificando as principais etapas de desenvolvimento do trabalho.

É comum na sala de aula, ao início da discussão sobre pesquisa, a pergunta:

– "É possível fazer uma pesquisa exclusivamente de campo quando não existe material bibliográfico disponível sobre o tema?"

A resposta sempre será:

– "Não, não é possível. Isto porque..."

... o que quase sempre ocorre, é que ao escolher o tema, o acadêmico influenciado pela perspectiva positivista de ciência, recorta tanto seu objeto, particulariza-o tão detalhadamente, que será difícil encontrar livros que o abordem. Pode-se dizer, brincando, que livros sobre a reação à mídia de meninas, de 9 anos, com olhos azuis, da segunda série matinal, da Escola São João, do bairro Azul da cidade Verde, serão publicados apenas pelo próprio acadêmico proponente.

---

5. Ao escolher o tema o pesquisador deve levar em conta suas preferências pessoais, suas aptidões, tempo disponível e recursos materiais e financeiros necessários para a realização da pesquisa, bem como a relevância do tema selecionado e sua contribuição pessoal ou cultural. Na escolha do objeto é relevante que o pesquisador observe suas vivências, conversas, leituras, debates e questões polêmicas da realidade na qual está inserido.

Quando o pesquisador deseja pesquisar sua realidade próxima – e isto é ótimo – e delimita sua pesquisa definindo faixa etária, sexo, escola e bairro – o que também não é mau – deve entender que os livros que fundamentarão seu estudo não abordarão as especificidades da sua realidade. Porém, conteúdos sobre novas tecnologias, gênero, etnia etc., estão fartamente disponíveis em livros e sites eletrônicos[6].

Uma investigação que não se reporta, antes de se iniciar, a toda uma produção científica que a precedeu, estará fadada ao fracasso, pois estará limitada pelo senso comum.

Todavia, uma primeira distinção entre modalidades de pesquisa se inicia por uma escolha entre qualitativa e quantitativa. Isto se faz genericamente, uma vez que as duas não se excluem mutuamente, ou seja, podem ser complementares. Todavia, a ênfase pesará na balança mais para um lado que para outro.

1.3.1 PESQUISA QUALITATIVA X PESQUISA QUANTITATIVA

A pesquisa quantitativa é caracterizada por uma abordagem metodológica que realiza análise e comparação de objetos e fatos e é utilizada, principalmente, nas ciências naturais com base em princípios positivistas. Realiza a análise e comparação de objetos e/ou fatos quantificáveis e observáveis, favorecendo o estabelecimento de teorias gerais que proporcionam o desenvolvimento da humanidade e da própria ciência. Os resultados das pesquisas quantitativas são passiveis de verificação mediante repetição dos experimentos, checagem dos formulários de entrevistas e, muitas vezes, checagem das próprias entrevistas. Quem já respondeu algumas pesquisas realizadas por instituições especializadas – incluindo o IBGE – , possivelmente recebeu algum telefonema depois da entrevista para certificação de que o pesquisador fez a coleta adequadamente.

Na área de educação o enfoque quantitativo também é bastante presente, por exemplo, nos índices de evasão, aprovação, alfabetização, domínio de conteúdos etc.

Nesse tipo de abordagem, os pesquisadores buscam exprimir as relações de dependência funcional entre variáveis para tratarem do como dos fenômenos. Eles procuram identificar os elementos constituintes do objeto estudado, esta-

---

6. Naturalmente, apenas os sites credenciados pela academia. Deve-se aplicar aos mesmos o critério de identificação de "autoridade", conforme explicaremos na sequência.

belecendo a estrutura e a evolução das relações entre os elementos. Seus dados são métricos – medidas, comparação/padrão/metro.

Ao contrário da anterior, a pesquisa qualitativa não se preocupa com representatividade numérica, mas sim com o aprofundamento da compreensão de seu objeto – no caso da educação, do aluno, do professor, das práticas pedagógicas etc. Os pesquisadores que adotam a abordagem qualitativa se opõem ao pressuposto que defende um modelo único de pesquisa para todas as ciências, já que as ciências humanas têm outras características que as tornam de difícil mensuração.

A pesquisa qualitativa se opõe ao princípio positivista de neutralidade, pois entende que o pesquisador precisa assumir um posicionamento perante a realidade. Assim, os pesquisadores qualitativos recusam o modelo positivista aplicado ao estudo da vida social, uma vez que o pesquisador não pode fazer julgamentos nem permitir que seus preconceitos e crenças contaminem a pesquisa.

Os métodos qualitativos procuram explicar o porquê das coisas, inferindo o que convém ser feito, mas não quantificam os valores e as trocas simbólicas nem se submetem à prova de fatos, pois os dados analisados são não métricos, subjetivos e se valem de diferentes abordagens.

Neste enfoque o pesquisador é a um só tempo o sujeito e o objeto de suas pesquisas. O desenvolvimento da pesquisa é imprevisível. O conhecimento do pesquisador é parcial e limitado

Nessa investigação descritiva a fonte direta de dados é o ambiente natural; os materiais registrados são revistos na sua totalidade pelo investigador. Os dados são recolhidos em situação natural e complementados pela informação que se obtém através do contato direto; transcrições de entrevistas, notas de campo, fotografias, vídeos, documentos pessoais, memorandos e outros registros oficiais; supremacia do processo em detrimento do produto; familiaridade com o ambiente, pessoas e outras fontes de dados, adquiridos principalmente através da observação direta, do estudo de caso da entrevista, além da história de vida, entre outros.

As vantagens de se integrar os dois métodos estão, de um lado, na explicitação de todos os passos da pesquisa, de outro, na oportunidade de prevenir/controlar a interferência da subjetividade do pesquisador nas conclusões obtidas.

Outros cuidados devem ser tomados para que uma pesquisa chegue a seu termo e seja aceita nos meios científicos, a exemplo da correção e adaptação dos instrumentos de pesquisa durante todo o processo, intervenção, através de instrumentação para a obtenção de resultados mais confiáveis, e manuseio de forma responsável de objetos e acontecimentos, entre outros.

Além da consciência do papel do pesquisador frente às exigências do projeto, deve-se buscar o controle da subjetividade, levando os sujeitos a expressarem livremente suas opiniões, respeitando os valores e responsabilidades do pesquisador para consigo e para com a sua profissão, fazendo interpretações através de um esquema conceitual, respeitando a expressão de opiniões, crenças, atitudes e preconceitos etc.

Com relação ao procedimento ético em pesquisa, é necessário buscar o consentimento informado e proteção dos sujeitos contra qualquer espécie de danos, dar importância central à intencionalidade dos atores, à complexidade e à fluidez dos processos implicados no desenvolvimento da ação social.

A pesquisa qualitativa também pode ser comparativa de duas ou mais situações.

Toda pesquisa demanda um certo planejamento que deve levar em conta tanto a natureza do problema a ser investigado quanto o grau de conhecimento do pesquisador sobre o objeto em questão. Neste sentido, de pouco adianta rebuscar ou sofisticar os aspectos metodológicos quando não se possua instrumental teórico suficiente para analisar os sinais ou dados que o estudo apresenta em seus resultados. Os sinais, dados ou fatos, sejam eles produtos de pesquisa de campo, bibliográfica ou de outro tipo, necessitam ser interpretados.

Segundo Ruiz (1982) a pesquisa pode ser compreendida como exploratória, teórica ou aplicada. Para ele, quando um problema é pouco conhecido, não possuindo ainda hipóteses claramente definidas, está-se diante de uma pesquisa exploratória. Seu principal objetivo consiste em definir, classificar e caracterizar inicialmente o problema. Assim, ele constitui-se como primeiro estágio de qualquer pesquisa. Já a pesquisa teórica busca ampliar generalizações ou leis mais amplas, estruturar sistemas teóricos tendo como perspectiva gerar novas hipóteses[7]. A pesquisa aplicada, como o próprio nome diz, "...toma certas leis ou teorias mais amplas como ponto de partida, e tem por objetivo investigar, comprovar ou rejeitar hipóteses sugeridas pelos modelos teóricos." (RUIZ,

7. Este tipo de pesquisa exige do pesquisador, além de atividade intensa, grande capacidade de reflexão e síntese.

1982, p. 50). Esta é, resumidamente, uma classificação possível quando se trata da natureza da pesquisa, mas ela não responde claramente ao tipo de pesquisa nem a sua abordagem metodológica.

Buscando definir melhor as possíveis espécies mais usuais de pesquisas o mesmo autor sugere: pesquisa de campo, pesquisa laboratorial e pesquisa bibliográfica. Também Cervo e Bervian (1974) adotaram esta classificação.

Há outras classificações[8] como a de Rudio (1996), que aponta para a pesquisa descritiva e experimental. No entanto, para efeitos didáticos, tomar-se-á a divisão apresentada por Ruiz (1982) e Cervo e Bervian (1974).

1.3.2 PESQUISA BIBLIOGRÁFICA

Pode ser realizada independentemente ou como parte de qualquer outra pesquisa[9].

> É a que se desenvolve tentando explicar um problema, utilizando o conhecimento disponível a partir de teorias publicadas em livros e obras congêneres. [...] o investigador irá levantar o conhecimento disponível na área, identificando as teorias produzidas, analisando e avaliando sua contribuição para auxiliar a compreender ou explicar o problema: objeto de investigação" (HORN *et al.*, 2001, p. 10).

Esta modalidade de pesquisa é muito comum na área de ciências humanas e sociais, dada a natureza do estatuto epistemológico que compõe esta área. Seu objetivo é buscar compreender as principais contribuições teóricas existentes sobre um determinado tema-problema ou recorte, considerando-se a produção já existente.

1.3.3 PESQUISA DE CAMPO

A principal finalidade deste tipo de pesquisa é recolher, registrar, ordenar e comparar dados coletados em campo (com uso de instrumentos específicos) de acordo com os objetivos do assunto escolhido como objeto de estudo. "A pesquisa de campo é muito usada em Sociologia, Psicologia, Política, Economia

---

8. Para a área de Educação, por exemplo, pode-se adotar a pesquisa etnográfica, de caráter qualitativo. Esta modalidade de pesquisa é aprofundada por Marli André, especialmente em "Etnografia da Prática Escolar". A pesquisa documental, por sua vez, é utilizada na área de História.

9. Precede toda e qualquer pesquisa uma revisão bibliográfica exploratória, conceitual, para situar o objeto e problematizá-lo, bem como para recolher informações e conhecimentos prévios.

e Antropologia. [...] Consiste na observação dos fatos tal como ocorrem espontaneamente, na coleta de dados e no registro de variáveis presumivelmente relevantes para ulteriores análises" (RUIZ, 1982, p. 50).

1.3.4 PESQUISA DE LABORATÓRIO

Ao contrário dos outros tipos de pesquisa acima caracterizados, a pesquisa de laboratório[10] permite que o pesquisador retire, provoque e produza fenômenos em condições de controle.

> Experimentar ou realizar experimentos significa exercer positivo controle sobre as condições presumivelmente relevantes, relativas a determinado evento; significa reproduzir, repetir fenômenos dentro de um plano de modificações sistemáticas das variáveis independentes, relativamente a determinado evento, com objetivo de descobrir as condições antecedentes responsáveis pelo evento subsequente, ou efeito, ou variável dependente assumida como objeto de pesquisa (RUIZ, 1982, p. 52).

Conforme já se mencionou anteriormente, esta classificação é bastante genérica e tem apenas a finalidade de chamar a atenção para a importância de se buscar definir uma abordagem metodológica para o estudo que se pretende realizar. Neste sentido, deve-se tomar cuidado para não torná-la uma **camisa de força** que oculta os resultados potenciais ou que cerceia a criatividade e a interpretação do pesquisador, pois qualquer instrumento, que condiciona os resultados da pesquisa, limita seu alcance.

1.4 PARADIGMAS QUE SUSTENTAM A PRODUÇÃO DO SABER

Tendo compreendido a natureza do trabalho de investigação, é possível agora dar mais um passo avante buscando entender a relação entre a pesquisa, o método e a produção do conhecimento. Ou seja, o resultado da pesquisa depende de um método, da mesma forma que este encontra-se vinculado a uma perspectiva específica de se olhar e interpretar o objeto, o que denominamos de paradigma. Por enquanto, não se preocupe com esta expressão, pois ela será retomada e explicada mais adiante.

Embora todo trabalho exija esforço intelectual por parte de quem o elabora, é preciso retomar o que já comentamos em outro momento, isto é, não se pode

---

10. O mesmo que pesquisa experimental.

dizer que a realização de uma pesquisa em educação, como, aliás, a pesquisa em geral, seja muito complicada. O importante para o pesquisador(a) é perceber uma situação-problema que lhe diz respeito, ou que tenha relação com o meio no qual está inserido; a partir daí passará a pensar em uma maneira para respondê-la ou compreendê-la. De posse de algumas estratégias e passos, o pesquisador(a) encontrará explicações, soluções, prováveis hipóteses que lhe indicarão o caminho para chegar a conclusões apropriadas e seguras sobre o tema que está investigando.

Atenção!!! Primeiro, é muito importante perceber um problema teórico ou prático a ser resolvido, depois formular hipóteses ou perguntas e, em seguida, testá-las (confrontando-as com a literatura e/ou verificando-as na realidade), podendo assim tirar algumas conclusões. Como dizem Laville e Dionne (1999, p. 11):

> Chegar a possíveis explicações ou soluções para um problema pode significar não apenas aquisição de novos conhecimentos, mas, também, fornecer uma determinada intervenção. Um problema é sempre uma **falta de conhecimento**[11]. Segundo, é imprescindível pesquisar com rigor, com método, garantindo, assim, que os resultados do estudo sejam confiáveis e tenham validade acadêmica e social.

Não é recente a preocupação em torno da utilização de um método quando se fala em pesquisa ou produção de novos conhecimentos. Para compreendermos o porquê deste interesse pelo método, precisamos inicialmente entender o significado do termo método. Método é derivado do latim tardio *methodus* e do grego *methodos*, de *meta*: por, para, através de; e *hodos*: caminho. Podemos, então, traduzir o termo por "caminho para" ou "prosseguimento". Ou na definição de Japiassu e Marcondes (1996, p. 131), como um "conjunto de procedimentos racionais, baseados em regras, que visam atingir um objetivo determinado. Por exemplo, na ciência, o estabelecimento e a demonstração de uma verdade científica".

Este entendimento aparece pela primeira vez de forma mais sistemática com o matemático e filósofo francês Renê Descartes (1596-1650). Mais que Platão, tratou do método, assunto, aliás, já em voga no início dos tempos modernos antes do *Discurso do método* de 1637. Não cuidou Descartes em se alongar na metodologia meramente formal; o que importava a ele era o uso do método, por

---

11. Grifo nosso.

exemplo, na matemática e na filosofia, sobretudo para a solução do problema da verdade fundamental, a do conhecimento.

De outra parte, importa examinar se o mesmo Descartes cometeu alguns deslizes de método. Pergunta-se se ele se deixou influenciar inconscientemente pelo método de determinada matéria, qual seja o dos objetos matemáticos. Assim, poderá ter feito filosofia com o método de outra ciência.

Ainda que não dispondo dos nomes que o ulterior desenvolvimento daria ao estudo da validade do conhecimento, Descartes advertiu particularmente para a necessidade de explorar este campo do saber humano. Aplicou Descartes com insistência o método no tratamento da questão da certeza inicial.

Segundo advertência de Descartes, era preciso examinar a certeza, pelo método da dúvida universal, que consiste em deixar progressivamente como capazes de dúvida as verdades que dependessem de outra, até se chegar a uma certeza não condicionada. Este método supõe o fato de que existe alguma certeza. Mesmo esta devia ficticiamente ser posta em dúvida, para ter como resultado que, mesmo tentando duvidar, alguma coisa resta como certa. Se duvido – disse Descartes – não posso duvidar que esteja duvidando, isto é, pensando, e que sou eu que estou pensando; penso, logo existo, eis como se traduz esta situação.

Partiu, pois, Descartes, do fato de termos o conhecimento imediato de que pensamos e que este cogito se apresenta em si mesmo como certo. Por que estaríamos certos? Porque percebemos com clareza e distinção. Constituem-se pois a clareza e distinção como propriedades desta primeira certeza. Por isso, o critério da certeza é constituído pela evidência clara e distinta.

Para a perfeita dúvida metódica estabeleceu Descartes, em seu *Discurso do método*, quatro preceitos:

> O primeiro (preceito) consiste em nunca aceitar como verdadeira qualquer coisa, sem a reconhecer como tal, isto é, evitar cuidadosamente a precipitação e a prevenção; não incluir nos seus juízos nada que não se apresentasse tão clara e tão distintamente ao meu espírito, que não tivesse nenhuma ocasião para o pôr em dúvida. [...] O segundo (preceito)... dividir cada uma das dificuldades que eu houvesse de examinar em tantas parcelas quantas pudessem ser e fossem exigidas para resolvê-las melhor. [...] O terceiro (preceito) conduzir por ordem meus pensamentos, começando pelos objetos mais simples e fáceis de serem conhecidos para subir pouco e pouco como por degraus até o conhecimento dos mais compostos, e supondo mesmo certa ordem entre os que não procedem naturalmente uns aos outros. [...] E o último

> (preceito), fazer por toda a parte enumerações tão completas e revistas tão gerais, que ficasse certo de nada omitir[12].

Os primeiros três preceitos destacam a ordem das evidências. O último apela às técnicas metodológicas, capazes de nos assegurar a integridade total do procedimento.

Portanto, quando se observa um objeto, capta-se-lhe a aparência parcial, aquilo que algum de seus prismas apresenta, ou seja, a perspectiva da qual se enfoca o que se deseja conhecer determina o aspecto do que é apreendido. Do mesmo modo que o resultado de toda a pesquisa depende de um método, cada método implica uma perspectiva específica, vinculada a uma concepção filosófica e que definirá, tanto a forma de olhar o objeto como de interpretá-lo. Daí que a mesma realidade pode resultar em diferentes leituras, conforme o paradigma que pauta cada pesquisador.

A palavra paradigma foi adotada nas ciências sociais por Thomas Samuel Kuhn (1922-1996), designando as realizações científicas – pode-se evocar como exemplos o mecanicismo newtoniano e a relatividade de Einstein – que geram modelos que, por períodos mais ou menos longos e de modos mais ou menos explícitos, orientam o desenvolvimento posterior das pesquisas, a busca da solução para os problemas.

Dentre os paradigmas que orientam a pesquisa acadêmica, neste estudo serão abordados positivismo, fenomenologia e marxismo. Tais concepções têm suas origens no tradicional dualismo idealismo-materialismo, traduzível na oposição entre os que priorizam o espírito em detrimento da matéria e os que entendem que a matéria é o princípio fundamental e a ideia – ou espírito –, secundário. Pode-se dizer, no sentido de facilitar a apreensão das especificidades das citadas concepções, que enquanto positivismo e fenomenologia têm pertinência com o idealismo, o marxismo se vincula ao materialismo.

1.4.1 POSITIVISMO

O positivismo pode ser entendido como um amplo movimento que dominou, a partir de meados do século XIX até a Primeira Guerra Mundial, grande

---

12. O *Discurso do método*, de Descartes, pode ser encontrado na Coleção Os Pensadores, publicada em 1999.

parte da cultura europeia. Encontra-se presente nas várias esferas da sociedade e manifestações filosóficas, políticas, pedagógicas, historiográficas e literárias.

Trata-se de um sistema filosófico formulado por Augusto Comte (1798-1857) que, paradoxalmente à gênese idealista de sua concepção, pretendia imprimir à filosofia uma orientação antimetafísica e antiteológica, preconizando como válida unicamente a admissão de conhecimentos baseados em fatos e dados da experiência. Buscando entender os fundamentos do positivismo, Triviños (1987, p. 33) afirma que

> No quadro geral de referência, em torno do problema fundamental da Filosofia, o positivismo é uma tendência dentro do Idealismo Filosófico e representa nele uma das linhas do Idealismo Subjetivo. [...] O positivismo, sem dúvida, não nasceu espontaneamente, no século XIX, com Augusto Comte. Suas raízes podem ser encontradas no empiricismo, já na Antiguidade. Mas as bases concretas e sistematizadas dele estão, seguramente, nos séculos XVI, XVII e XVIII, com Bacon, Hobbes e Hume, especialmente.

O caráter das doutrinas inspiradas em Augusto Comte que fundamentam o conhecimento em dados empíricos cujo teor subjetivo geralmente acaba por ser privilegiado (sensacionismo, intuicionismo, simbolismo etc.), muitas vezes, levando ao agnosticismo, ao relativismo ou ao misticismo. Esta perspectiva, segundo Triviños (1987), apoia-se, basicamente, em três preocupações fundamentais. Uma filosofia da história (na qual encontramos as bases de sua filosofia positiva e sua célebre "lei dos três estados" que marcariam as fases da evolução do pensar humano: teológico, metafísico e positivo); uma fundamentação e classificação das ciências (Matemática, Astronomia, Física, Química, Fisiologia e Sociologia); e a elaboração de uma disciplina para estudar os fatos sociais, a Sociologia que, num primeiro momento, ele denominou física social (p. 33).

De forma esquemática, considerando aqui a preocupação em relação à metodologia, podemos dizer que o positivismo: reivindica o primado da ciência, ou seja, o único método de conhecimento é o das ciências naturais, assim sendo, nós só conhecemos aquilo que as ciências naturais nos dão a conhecer; propõe que o método das ciências naturais (relação causa e efeito) seja transposto também para as ciências humanas (estudo das sociedades); delega à ciência o papel de resolver, ao longo do tempo, todos os problemas humanos e sociais; tende a considerar, a partir de uma tradição iluminista, os fatos empíricos como única base e meio para se chegar ao conhecimento verdadeiro e a fé na racionalidade científica como solução dos problemas humanos.

1.4.2 *FENOMENOLOGIA*

A fenomenologia, nascida na segunda metade do século XX, a partir das análises de Franz Brentano (1838-1917) sobre a intencionalidade da consciência humana, trata de descrever, compreender e interpretar os fenômenos que se apresentam à percepção, pois, segundo este pensador, a psique se dirige a algo, necessariamente.

Edmund Husserl (1859-1938), influenciado por Brentano e pelo conceito de "existencial"– de Søren Kierkegaard (1813-1855) –, elaborou uma fenomenologia que pautou grandes pensadores do século XX como Sartre, Camus, Heidegger, Merleau-Ponty, Marcel e Jaspers, dentre outros.

O método fenomenológico pode ser definido como uma "volta às coisas mesmas", isto é, aos fenômenos, àquilo que aparece à consciência, que se dá como objeto intencional. Seu objetivo é chegar à intuição das essências, isto é, ao conteúdo inteligível e ideal dos fenômenos, captado de forma imediata.

O pressuposto fundamental da fenomenologia é que "toda consciência é consciência de alguma coisa". Assim sendo, a consciência não é uma substância, mas uma atividade constituída por atos (percepção, imaginação, especulação, volição, paixão etc.), com os quais visa algo. As essências ou significações (*noema*) são objetos visados de certa maneira pelos atos intencionais da consciência (*noesis*).

Com o objetivo de que a investigação se ocupe apenas das operações realizadas pela consciência, é necessário que se faça uma redução fenomenológica ou ***epoché***, isto é, coloque-se entre parênteses toda a existência efetiva do mundo exterior. As coisas, segundo Husserl, caracterizam-se pelo seu inacabamento, pela possibilidade de sempre serem visadas por *noesis* novas que as enriquecem e as modificam.

A fenomenologia tem como conceitos fundamentais: **as coisas mesmas** (o fenômeno é o que aparece à consciência); **consciência** (a consciência é a percepção imediata mais ou menos clara, pelo sujeito, daquilo que se passa nele mesmo e fora dele); **intencionalidade** (toda consciência é consciência de alguma coisa); ***epoché*** ou **redução fenomenológica** (colocar entre parênteses qualquer julgamento, a atitude natural de avaliar as coisas, ou seja, suspender todo e qualquer juízo sobre o mundo natural).

Para a fenomenologia, em todo o conhecimento, um "cognoscente" e um "conhecido", um sujeito e um objeto encontram-se face a face. A relação que existe entre os dois é o próprio conhecimento. A oposição dos dois termos não pode ser suprimida; esta oposição significa que os dois termos são originariamente separados um do outro, transcendentes um ao outro. A função do sujeito consiste em apreender o objeto; a do objeto em poder ser apreendido pelo sujeito e em sê-lo efetivamente.

Considerada do lado do sujeito, esta apreensão pode ser descrita como uma saída do sujeito para fora da sua própria esfera e como uma incursão na esfera do objeto, a qual é, para o sujeito, transcendente e heterogênea. O sujeito apreende as determinações do objeto e, ao aprendê-las, as introduz, fá-las entrar na sua própria esfera.

O sujeito não pode captar as propriedades do objeto senão fora de si mesmo, pois a oposição do sujeito e do objeto não desaparece na união que o ato do conhecimento estabelece entre eles; permanece indestrutível. A consciência dessa oposição é um aspecto essencial da consciência do objeto. O objeto, mesmo quando é apreendido, permanece para o sujeito algo exterior; é sempre o *objectum*, quer dizer, o que está diante dele. O sujeito não pode captar o objeto sem sair de si (sem se transcender); mas não pode ter consciência do que é apreendido, sem entrar em si, sem se reencontrar na sua própria esfera. O conhecimento realiza-se, por assim dizer, em três tempos: o sujeito sai de si, está fora de si e regressa finalmente a si.

1.4.3 MATERIALISMO HISTÓRICO

A teoria de Georg Wilhelm Friedrich Hegel (1770-1831), filósofo alemão, e de seus seguidores, conhecida como idealismo absoluto –, identifica a realidade com a razão ("todo real é racional"), compreendida esta por meio do desenvolvimento histórico da consciência, do que resultou a criação do método dialético –, foi tomada como uma das bases na formulação da teoria marxista. Karl Marx (1818-1883), ao fundar a doutrina marxista na década de 1840, revolucionou o pensamento filosófico, especialmente pelas conotações políticas explícitas nas suas ideias, colocadas, em seguida, também por Friedrich Engels (1820-1895).

No período em que Marx e Engels iniciaram sua formação, a filosofia hegeliana afirmava-se como sistema dominante na Alemanha, inaugurando no século XIX um novo método do pensamento: a dialética. Em vias de consolidação, a filosofia de Hegel influencia os primeiros escritos de Marx, passando, posteriormente, em colaboração com Engels, por uma análise crítica rigorosa no que se refere principalmente à concepção idealista de história, de mundo, de Estado, de homem e de ciência.

A crítica ao idealismo, a crítica à teoria política francesa e a crítica à economia clássica inglesa constituem os primeiros passos na definição do materialismo histórico como corpo central da concepção norteadora da ciência da história, sistematizada por Marx e Engels, formando o núcleo científico e social da teoria marxista.

A questão fundamental a ser entendida aqui é a demarcação da ciência da história enquanto teoria e método científico, cujos pressupostos Marx fundamenta, em relação às justaposições históricas de cunho idealista e mecanicista presentes nas interpretações de historiadores e filósofos que o precederam.

Pode-se dizer, portanto, que a abordagem marxiana da história como processo reivindica, basicamente, dois aspectos:

a) que o nível de desenvolvimento das forças produtivas de uma dada sociedade permite entender as relações sociais e de produção e sua estrutura econômica, e que a base econômica da sociedade é o fundamento das superestruturas legais e jurídicas, formas de consciência;

b) a história é a ciência da observação e da determinação objetiva do real – busca descobrir tanto as leis da ciência como as leis da natureza.

1.4.4 ARQUEGENEALOGIA[13]

A opção metodológica pela utilização simultânea dos métodos arqueológico e genealógico foi denominada por Foucault como "decifração" –, "arque-genealogia", por alguns teóricos – a exemplo de Araújo[14] e "analítica interpretativa" por Dreyfus e Rabinow[15].

De um modo geral, os escritos dos estudiosos de Foucault conduzem a inferências sobre o pensamento do filósofo, como tendo sido iniciado com a arqueologia, forma que foi preterida no momento em que encontrou a genealogia. Segundo esse entendimento, a genealogia seria a superação daquele instrumento utilizado para as pesquisas iniciais. Entretanto, o aprofundamento na obra foucaultiana permite afirmar que essa leitura não é procedente.

---

13. Ver no ANEXO II texto elaborado a partir de pesquisa arquegenealógica.

14. ARAÚJO (2000).

15. DREYFUS e RABINOW (1995).

É correto dizer que até *A arqueologia do saber* (1969) apenas a arqueologia se fazia presente. Todavia, desde *Vigiar e punir* (1974) as duas formas investigativas foram utilizadas pelo filósofo, em situações diversas.

A arqueologia permitia lidar apenas com sistemas de pensamentos materializados nas práticas discursivas. Quando analisou os sistemas de ações que governam as outras ações, reunindo as categorias poder e saber, outras práticas que ultrapassam o âmbito do discurso foram tratadas com o procedimento genealógico.

O projeto da história da sexualidade, por exemplo, foi efetivado com o recurso da arquegenealogia. Em *A vontade de saber* – primeiro volume –, o dispositivo da confissão foi isolado com a arqueologia e interrogado pela genealogia. Para elaborar o segundo volume da história da sexualidade, Foucault problematizou o uso dos prazeres, interrogando o porquê do comportamento sexual, das atividades e dos prazeres que deles provêm se tornarem objetos da moral. Lançando mão da arqueologia, encontrou na Grécia práticas discursivas sobre a modulação dos prazeres, vinculadas à verdade e à política da *pólis*. A *sofrosine* é obtida na autodireção e manifesta a liberdade necessária à verdade. A direção da cidade demanda a anterioridade da direção de si mesmo. Assim, tanto a *ars erotica* como as relações sexuais entre os rapazes objetivavam a *sofrosine*, ideal imbricado ao saber e ao poder. A arquegenealogia, com ênfase na arqueologia, mostrou que o "cuidado de si" não era centrado nos desejos da carne e em suas verdades, mas nas práticas sociais. O sexo não era entendido na ordem da lascívia. Inversamente, as relações sexuais, o desejo e o gozo eram interligados com a busca da inteligibilidade.

Enfim, na história da sexualidade, esta não se constituiu em objeto idêntico ao tematizado por biociências, história tradicional das ideias ou dos costumes, nem mesmo das práticas sexuais inscritas na história tradicional. O objeto dessa história foi "o dispositivo da sexualidade", desdobrado em confissão, moral e subjetividade.

A arqueologia isolou o dispositivo para descrever a inteligibilidade interna das práticas discursivas, suspendendo julgamentos de verdade e significado. Aí a genealogia interrogou o papel histórico e político desempenhado pelos saberes e poderes que se engendravam nas confissões da carne.

É possível estabelecer as distinções entre arqueologia e genealogia, entendendo que o sentido dessa especificação é da ordem da metodologia da pesquisa, uma vez que os procedimentos se imbricam.

Assim, à arqueologia compete descrever, no âmbito do discurso, as condições de possibilidade da emergência de determinados saberes. Para tanto, busca no arquivo as descontinuidades, realizando a pesquisa transversalmente, e na profundidade dos limiares, periferias e estratos diversos, sem preocupação com a coerência e pertinência direta das fontes, nem com sua significação. Dos enunciados que se desprendem desta multiplicidade, a arqueologia estuda as regularidades possíveis, convergências e dispersões.

A genealogia, então, interrogará o porquê histórico e político às regularidades e continuidades do dispositivo, à heterogeneidade que o perpassa no dito e no não dito, como discursos, instituições, organizações arquitetônicas, decisões regulamentares, leis, medidas administrativas, enunciados científicos, proposições filosóficas, morais e filantrópicas. Não lhe interessa a origem, mas os começos que, conforme Nietzsche mostrou, são mesquinhos. Não busca na profundidade, mas nos *bas-fonds*, para permitir que as visibilidades se projetem.

Enquanto a arqueologia busca diacronicamente e na diversidade as regularidades, com o desígnio de descrever a história do passado, a genealogia procura nas continuidades possíveis das relações de poder e saber que se estabeleceram historicamente, para escrever a história do presente.

O genealogista não deseja apreender as significações dos tempos idos, nem desses tempos, contextos, pessoas, instituições ou leis da história. Também não busca elos das significações paralelas, de outras épocas, às da atualidade, ou seja, o genealogista não cai no engodo do **presentismo**. Da mesma forma, não lhe seduzem as teleologias dos devires históricos apoteóticos. Finalmente, não se dirige aos eventos contemporâneos como motes para repensar o passado. O norte da genealogia foucaultiana é escrever a história do presente para projetar a visibilidade do que, mesmo não estando encoberto, não é visto, isto é, dos *bas-fonds*.

A contribuição da arqueologia para a genealogia é fundamental, pois visita o passado com os olhos do passado, porque suspende as avaliações presentes e fornece ao genealogista os dados relativos às irrupções dos acontecimentos, permitindo a apreensão dos deslocamentos ocorridos. A arqueologia pode retroceder no discurso analisado e tratá-lo como um discurso-objeto; isola e indica a arbitrariedade do significado; mostra que aquilo que mostra ser processo contínuo é atravessado por práticas discursivas descontínuas; revela que as continuidades se dão apenas na superfície e que significados acobertados ou finalidades têm a mesma inconsistência das certezas metafísicas.

O ponto de partida para escrever a história do presente é explícito e autorreflexivo: o diagnóstico da situação atual, obtido pela localização de manifestações intensas de rituais meticulosos de poder, questionando seu surgimento e trajetória, em sua *pudenda origo* e em suas positividades, para compreender e expor as práticas sociais, que têm sido instrumentais para a formação do indivíduo moderno tanto como objeto quanto como sujeito.

Esse é o escopo da arquegenealogia: fazer a decifração do presente como interpretação genealógica direcionada à prática, uma analítica interpretativa, entendida por Dreyfus e Rabinow, em analogia a Paul Ricoeur, como hermenêutica da suspeita.

A decifração tem como alvo as práticas nas quais poder e saber se cruzam, constituindo a concepção do homem moderno em relação ao cosmos, edificando os conhecimentos e os sujeitos como seus objetos. A estratégia da pesquisa arquegenealógica é perscrutar os saberes duvidosos, inteiramente enredados nas práticas sociais, e que, não obstante sua ortodoxia, não acenam com a edificação de um *corpus* teórico suficiente ao credenciamento científico.

1.4.5 METODOLOGIA DE PRODUÇÃO DO CONHECIMENTO EM REDE

Esta metodologia parte do pressuposto que a produção do conhecimento, apesar de uma diversidade de paradigmas, vem sendo pautada por um pensamento simplificador, decorrente da consideração das disciplinas estanques, o que não favorece a visão de conjunto necessária para que se percebam as origens e inter-relações entre os problemas com vistas a sua solução. É necessário, então, buscar uma nova lógica, para criar um panorama globalizante, deixando de lado o raciocínio clássico de causalidades que geram efeitos previsíveis.

De fato, esta perspectiva é a da ciência clássica que privilegia a ordem, a estabilidade e a previsibilidade, mas o que se percebe no mundo é a necessidade de se reconhecer o papel primordial das flutuações e da instabilidade, das escolhas múltiplas e, em vez da certeza dos efeitos que determinadas causas provocam, as novas ciências postulam apenas os padrões de possibilidades, ou seja, horizontes de previsibilidade limitada, incluindo noções como a de caos, invadem todos os campos da ciência.

Isto implica que a compreensão do conjunto de contradições da realidade exige que se leia o mundo aceitando sua complexidade. Logo, existe a necessidade de desenvolvimento de um pensamento complexo, já que a complexidade é inerente aos fenômenos e o reconhecimento disso poderá levar a uma visão mais abrangente acerca do universo.

Uma nova racionalidade para a produção do saber se relaciona ao surgimento de uma ciência que não mais se limita a situações simplificadas, idealizadas, mas vê a complexidade do mundo real e permite desenvolver a criatividade que é uma característica fundamental comum a todos os níveis da natureza.

Para tanto, entre as propostas que ora se apresentam como alternativas de solução para o problema da fragmentação, parece-me que a abordagem transdisciplinar, tendo em vista sua perspectiva multirreferencial e multidimensional, é a que melhor se coaduna com a necessidade de desenvolvimento de um pensamento complexo, valorizando a análise dos fluxos comunicativos entre os saberes, o que gera esta nova perspectiva da produção do conhecimento em rede[16].

---

16. Esta metodologia está detalhada em texto do ANEXO I.

2 Materialização do texto acadêmico

2.1 REFERÊNCIAS TEÓRICAS

O referencial teórico é construído por meio de revisão de literatura. Esta é a parte mais importante de um estudo acadêmico, pois propicia o conhecimento do que já foi produzido sobre a temática da pesquisa e permite a emergência de novas ideias. É, ao mesmo tempo, o processo de leitura e os registros obtidos da literatura selecionada, sobre temática específica, constituindo-se em matéria-prima para a elaboração do projeto e do texto monográfico.

A revisão de literatura é constituída, conforme sua denominação, por registros de uma releitura do que "as autoridades" já escreveram sobre o tema, devendo remeter ao maior número possível de "autoridades". Há que se enfatizar, ainda, que a autoridade também se explicita em adequação ao nível de complexidade que se espera de cada curso. Isso quer dizer que livros adequados para o Ensino Médio ou iniciação universitária nem sempre são apropriados para respaldar monografias da especialização.

Diante desse critério, alguns textos credenciam – "autorizam" ou validam – um trabalho, ou realizam o inverso. Entende-se, então, que não são apropriados para revisão de literatura da pós-graduação: enciclopédias; revistas não especializadas ou dirigidas a leigos[17] ou estudantes de cursos profissionalizantes ou propedêuticos; livros didáticos para Ensino Médio; publicações místicas e de autoajuda[18] destinados ao público não acadêmico. Enfatize-se que não está em pauta o valor do conteúdo dos escritos mencionados, mas sua adequação à constituição de um arcabouço para o patamar acadêmico.

---

17. Como *Veja*, *Época*, *Cláudia*, dentre outras.

18. A exemplo dos escritos de Lair Ribeiro e Paulo Coelho.

2.1.1 RECORTE TEMÁTICO

A escolha do tema é um dos momentos mais estressantes da pós-graduação, ocasião na qual o medo de errar assume grande proporção.

A maior dificuldade em se optar por um tema está na carência de leitura. A ausência de um conhecimento *lato* – amplo – sobre a temática obstaculiza as escolhas. Por isso, torna-se importante que inicialmente se escolha um assunto mais genérico e se vá à biblioteca pesquisá-lo. Busca-se a literatura geral nas fichas catalogadas por **assunto**. A seleção poderá aí ser iniciada: autores conhecidos ou já referenciados em estudos anteriores, editoras reconhecidas, publicações mais atuais, publicações mais antigas etc.

Uma segunda etapa seletiva é percorrida por uma leitura **panorâmica** de cada livro: dobras das capas (orelhas), sumário, apresentação e ou introdução. Com isso é possível fazer uma seleção inicial da literatura a revisar. Os acréscimos serão possíveis com as indicações que os autores selecionados apresentam. Por exemplo, escrevendo sobre a aprendizagem sob o enfoque da *autopoiésis*, Assmann (1997) traz, dentre outras, a indicação de Dominguez (1998). Para ampliar a pesquisa, buscam-se na biblioteca referências adicionais.

Esta primeira incursão permitirá maior familiaridade com determinados recortes, facilitando a escolha do tema. Todavia, sua "delimitação" estará consolidada apenas com as leituras e registros das mesmas, constituintes de uma revisão de literatura inicial.

2.1.2 REGISTRO DO CONTEÚDO ESTUDADO

A leitura, tanto para o conhecimento como para a elaboração de um texto, deve ser registrada. Isso porque, se apenas se lê, sem anotar, a memorização dos conteúdos será insuficiente para que se escreva tanto o projeto como a monografia.

Assim, concomitante à leitura, são elaborados os seus registros em fichas, arquivos, cadernos etc. Em quaisquer desses suportes deve-se anotar a referência completa do livro, inclusive com nome do tradutor e número da edição, quando for o caso. Ex.:

ARISTÓTELES. **Ética a Nicômaco**. Trad. Mário da Gama Cury. 4. ed. Brasília: Editora UNB, 1999.

Em seguida, deve-se anotar os conteúdos do livro, já com as próprias palavras, ou seja, parafraseando o autor, transpondo frases ou passagens, com palavras e/ou estruturação de redação diferentes das que constam no texto original, conforme os exemplos a seguir, nos quais apresenta-se, primeiro, uma citação, e em seguida a paráfrase correspondente.

Exemplo de citação:

> Ocorreu então um movimento conjunto de homens e mulheres tal como ninguém se lembra de ter algum dia visto semelhante: as pessoas mais simples sentiam-se realmente impelidas pelo desejo de venerar o Sepulcro do Senhor e de visitar os Lugares Santos... Esses homens tinham tanto ardor e impulso que todos os caminhos ficaram cobertos deles; os soldados celtas eram acompanhados por uma multidão de gente desarmada mais numerosa do que os grãos de areia e do que as estrelas, carregando palmas e cruzes nos ombros. Alguém que a visse diria que eram rios que afluíam de todos os lugares... A nação dos celtas é, aliás, muito ardente e fogosa; quando toma impulso, é impossível detê-la (PERNOUD, 1990, p. 18).

Exemplo de paráfrase:

> Pernoud (1990) avaliou a incontida impetuosidade e arrebatamento celta, relatando sobre a ocorrência de um movimento coletivo que congraçava tanto homens como mulheres. Tal mobilização era inédita, imemorável, e decorria da vontade impulsiva dos populares pela veneração ao túmulo de Jesus e de passar, conhecendo, os locais sagrados. As estradas estavam cheias desses homens ardorosos, seguidos por inumeráveis pessoas que não portavam armas, mas palmas e cruzes nas espáduas. Aos observadores parecia que brotavam e corriam, como as águas dos rios, de todos os cantos.

A paráfrase deve ser fiel ao texto original. O processo de leitura e de transposição do escrito, com outras palavras, leva à memorização e, consequentemente, instrumentaliza estabelecer as relações entre os diversos autores. É nesse exercício que se forma um acervo de saberes que agilizam a cognição permitindo a atribuição própria de significados na decifração da realidade.

Além disso, a redação da mesma constitui a matéria-prima da sistematização acadêmica, materialidade que é a substância principal e essencial da produção acadêmica, capaz de ser modificada recebendo formas tanto mais diferenciadas ou originais na proporção em que é trabalhada.

Após realizada a leitura e registrados vários textos, será possível extrair destes várias categorias que comporão os capítulos do estudo.

A título de exercício, sugere-se a leitura da "Alegoria da caverna" no APÊNDICE I, seguida de experiência em paráfrases completas de alguns parágrafos, e paráfrases resumidas de outros. Com este material elaborado, pode-se comentá-lo, enriquecê-lo com opiniões de outros autores, fazer analogias com as próprias práticas profissionais, com a realidade. Esta será uma vivência de como se escreve um texto acadêmico.

2.1.3 REFERENCIANDO OS AUTORES

Desde que Aristóteles escreveu *A poética*, qualquer sistematização "científica", ou melhor, acadêmica, apenas se caracteriza como tal se se reportar às autoridades que já pesquisaram sobre a temática, pois, como "ser social" que faz cultura, o homem não produz qualquer conhecimento sem que o mesmo se relacione a algo anteriormente elaborado, isto é, não inicia uma criação a partir do nada. Ao contrário, mesmo que se oponha ao instituído, tem nele um referencial de negação.

O estagirita, para teorizar sobre a poética, primeiro relatou os saberes elaborados pelos que o antecederam, deixando claro se o que Homero afirmou se encontra na *Ilíada* ou na *Odisseia*, se os enunciados de Hesíodo estão em *Os trabalhos e os dias* ou na *Teogonia*, em quais escritos de Platão a temática é tratada e sob quais prismas etc. Após evocar as reflexões anteriores, Aristóteles relacionou as aproximações e as divergências entre os teóricos, em seguida corroborou com algumas ideias e refutou outras, para, finalmente, elaborar sua própria teoria.

Assim, segundo a tradição, a revisão de literatura é o ponto de partida obrigatório de um estudo. Nela devem estar referidas as teorias edificadas, os dados compilados, organizados e publicados por autoridades. Estas são assim consideradas por terem percorrido algum caminho investigativo pertinente, obtendo o reconhecimento da comunidade científica face à relevância do que constituíram.

Em livros ou artigos científicos os autores escrevem, por exemplo, que Freire (1969, p. 20) afirma sobre a importância de pesquisar o "universo vocabular" do "oprimido", ou que Assmann (1996, p. 148) acredita que professor e alunos são seres "apreendentes". Isto significa que tais autores partiram de uma revisão de literatura ou pesquisa bibliográfica enfatizando, inicialmente, a *Pedagogia do oprimido*, de Paulo Freire, na edição de 1969, transcrevendo as expressões entre aspas da página 20, e em seguida *Metáforas para reencantar a educação*, de Hugo Assmann, livro publicado em 1996, no qual a expressão "apreendente" se encontra na página 148.

Se o mesmo conteúdo for redigido sem as referências aos autores[19] – autoridades –, o texto não terá validade acadêmica.

Por isso, a revisão de literatura resume as leituras realizadas evidenciando as visões de vários autores, estabelecendo suas aproximações ou oposições e explicitando a sustentação teórica da investigação proposta.

2.2 PROJETO

Um projeto é uma espécie de carta de intenção, de explicitação da proposta do estudo que se pretende realizar; é o esboço que permite prever o lançamento para diante de uma busca teórica que se constitui em condição para qualquer nível de pós-graduação. Assim, configura-se como o planejamento da pesquisa, enquanto a monografia é a sistematização (relatório) do processo e resultados da investigação.

O projeto deverá atender a alguns quesitos mínimos, de acordo com o Quadro 1 a seguir:

QUADRO I – QUESITOS DO PROJETO

QUESITOS / PERGUNTAS	ROTEIRO DE PROJETO
O que é?	Tema
Por quê?	Problematização
Para quê?	Objetivo
Qual a relevância ?	Justificativa
Qual o fundamento?	Revisão de literatura
Como será realizada?	Metodologia
Como será agendada?	Cronograma
Quais as fontes?	Referências bibliográficas

2.2.1 *IDENTIFICAÇÃO DO TEMA*

Este item descreverá o objeto do estudo. Deverá evidenciar qual a pesquisa pretendida, elucidando o assunto a abordar, delimitando-o segundo o desígnio

19. Exemplo: Entende-se que é importante pesquisar o universo vocabular do aluno, tanto para ampliar os conhecimentos docentes como para melhorar o nível do aprendizado discente, uma vez que professor e alunos são seres em formação permanente.

de um curso *lato sensu*. Além disso, o tema deve ser redigido com objetividade, exprimindo globalmente a proposta. Desta forma o tema é mais extenso do que o título, pois seu mister é esclarecer a intenção do estudo como sinopse prévia da monografia. Por outro lado, como o título tem a função de convidar ao conhecimento, sua redação pode lançar mão da estética literária, de metáforas, para causar impacto, curiosidade e seduzir o leitor. Por isso, o título é uma das últimas tarefas a cumprir quando se produz um texto acadêmico, pois no decorrer do processo de construção do trabalho muitos *insights* emergem propiciando nomeações mais pertinentes.

2.2.2 *PROBLEMATIZAÇÃO*

Problematizar é especificar um ponto para ser resolvido, aquilo que significa contenda, desavença, discussão ou conflito em relação à temática escolhida, portanto é uma questão, um enunciado que interroga sobre como chegar a uma boa conclusão. Nesse sentido, a problematização – antônimo da solução – descreve o aspecto negativo que a realidade mostra, e para modificá-lo resolvendo-o ou minorando-o, busca-se respaldo acadêmico através de um aprofundamento teórico.

Cunha (1992) afirma que a busca do saber exige união entre evidência e o sentido de ambiguidade. Ao procurar responder o que é não afirma a posse da certeza absoluta, o que impulsiona à investigação contínua. Por isso, a ambiguidade é expressa na problematização e norteia o estudo.

2.2.3 *OBJETIVO*

Manifesta-se o objetivo como norte do estudo, ou seja, do conhecimento acadêmico desejado. Uma vez que é Projeto de Monografia, seu objetivo deve referir-se ao saber. Por isso são adequados os termos pesquisar, estudar, perquirir, investigar, inquirir, indagar, questionar, esclarecer, explicitar etc., no lugar de melhorar a *performance* do aluno, alfabetizar, formar ou educar...

Em última instância, o que se quer é a melhoria da qualidade do ensino. Todavia, esta apenas constará como objetivo, enunciado como tal, quando se projetar, a título de pesquisa aplicada, uma experiência pedagógica passível de avaliação da situação anterior ao trabalho e de aferição de seus resultados.

2.2.3.1 OBJETIVO GERAL

De modo *lato*, o objetivo geral manifesta o norte do conhecimento acadêmico desejado, açambarcando pesquisa e monografia como uma proposta ampla.

2.2.3.2 OBJETIVOS ESPECÍFICOS

Para o cumprimento do objetivo geral, os específicos devem manifestar as etapas previstas para completar a finalidade almejada. Deve-se planejar um objetivo para cada segmento – capítulo, parte ou seção – da monografia.

2.2.4 JUSTIFICATIVA

É constituída pela argumentação sobre a relevância do estudo. Destarte, na justificativa retomam-se problematização e objetivo geral, mostrando a importância da abordagem para encontrar o norte pensado como solução da questão identificada.

2.2.5 REVISÃO DE LITERATURA

Neste item – que posteriormente será ampliado e aperfeiçoado para constituir o "corpo de texto" da monografia – deve-se tratar a temática segundo os vários autores, relacionando-os. Uma revisão bem-elaborada mostra as visões das "autoridades" sobre o assunto, as convergências e divergências dessas visões, como se fosse uma "mesa-redonda" – a simulação de um colóquio entre os teóricos aos quais se teve acesso.

2.2.6 METODOLOGIA

O sentido da metodologia é facilitar o cumprimento dos objetivos. É preciso descrevê-la, esclarecendo quais os caminhos escolhidos para o estudo e sua sistematização, ou seja, projetando as possibilidades da travessia pretendida. A opção metodológica decorre do prisma sob o qual se observa o objeto e respalda a pesquisa. Assim, para uma pesquisa de campo, deve-se elucidar, com fundamentação teórica, sobre o universo que lhe é pertinente, os critérios de amostragem, os instrumentos de pesquisa etc. Uma pesquisa documental deve prever as diversas fontes, categorizando-as segundo autores especificados. Nenhuma sistematização acadêmica prescinde da **Revisão de literatura**, ou seja, da pesquisa bibliográfica. No entanto, os escritos revisados podem ser corroborados, ampliados ou contestados tanto teórica como empiricamente. Uma vez que o sentido da pós-graduação em nível *lato sensu* prioriza uma visão ampla, o estudo das publicações sobre o tema e uma reflexão relacionando-as à educação são suficientes e imprescindíveis. Entende-se, ainda, que a pesquisa empírica, por não ser condição da especialização, apenas se justifica quando realmente efetua análises que acrescentam e alargam as abordagens já realizadas. Nesse sentido, o maior mérito de uma monografia deste nível de estudo está em uma pesquisa bibliográfica, tanto melhor quanto mais intensa e respaldada em escritos que correspondam em aprofundamento e complexidade ao nível do estudo.

Além disso, muitas pesquisas *stricto sensu* também dispensam a empiria – a exemplo do que é usual na área de filosofia – pois seus objetos quase nunca são experimentáveis ou quantificáveis.

2.2.7 CRONOGRAMA

Este, em forma de texto ou tabela, consiste no planejamento das etapas de trabalho necessárias à construção do texto monográfico, distribuídas no tempo previsto para o estudo. Assim, é uma previsão do agendamento das tarefas que permitirão alcançar os objetivos propostos, desde a escolha temática até a redação final. Conforme exemplo a seguir:

QUADRO II – EXEMPLO DE CRONOGRAMA

CRONOGRAMA

A pesquisa será desenvolvida de março a dezembro de 2005.

Período ATIVIDADES	MAR	ABR	MAI	JUN	JUL	AGO	SET	OUT	NOV	DEZ
DEFINIÇÃO DO TEMA	X									
REVISÃO INICIAL DE LITERATURA	X	X								
ELABORAÇÃO DO PROJETO	X	X	X							
REVISÃO DE LITERATURA	X	X	X	X	X	X	X	X	X	
DEFINIÇÃO DE CATEGORIAS PARA DEFINIÇÃO DE CAPÍTULOS						X	X			
ANÁLISE DOS DADOS								X	X	
REDAÇÃO FINAL									X	X

2.2.8 *REFERÊNCIAS*

Todos os autores e/ou documentos aqui listados devem ter sido evocados no texto. Da mesma forma, todos os autores citados no texto devem estar aqui referenciados.

2.3 MONOGRAFIA

O produto final do trabalho de pesquisa é o texto monográfico.

Ler um texto, inclusive acadêmico, é decifrar suas formas, sons e ritmos, em analogia a uma partitura musical. Assim como uma peça musical de qualidade, a monografia deve seguir um ritmo coerente com o tema, articulando harmoniosamente as frases, os parágrafos e os capítulos entre si e com a introdução e as considerações finais.

Ao se evocar uma peça de música clássica é possível lembrá-la como composição de partes diversas ligadas pela melodia-tema em execuções variadas, que sempre a retomam, trazendo-a à lembrança auditiva por analogias, sutilezas, consonâncias e dissonâncias, sintonias e contrastes, fazendo-a insinuar-se por modos diferentes em movimento crescente até sua manifestação completa por explosão – em seu apogeu – ou retorno ao reticente que eterniza sua memória. Enfim, com suavidade ou brusquidão, a melodia-tema é sempre evocada.

É possível e desejável que um texto provoque vivências similares sob o prisma estético. Outrossim, é imperativo que sua tessitura ou composição possuam uma continuidade evocativa da temática e do arcabouço epistemológico, de modo que a diversidade instrumental constitua também elos encadeados que conduzam racionalmente a uma apoteose.

A monografia é organizada por segmentos que se subdividem em três níveis hierárquicos, aqui denominados bloco, parte (divisão do bloco) e subparte (divisão da parte).

Os blocos referidos são: pré-textual, textual e pós-textual. Enquanto os dois primeiros são obrigatórios, o terceiro é opcional. Estes elementos – blocos, partes e subpartes –, que compõem o trabalho monográfico, estão relacionados sequencialmente no quadro a seguir, acompanhados das observações **obrigatório** quando é elemento exigido –, **opcional** – relativo a componente cuja presença decorre da vontade do autor –, ou **condicional** – referente às demandas específicas de cada sistematização.

QUADRO III – ELEMENTOS DA MONOGRAFIA

BLOCO	PARTE	SUBPARTE	OBS.
PRÉ-TEXTUAL	Folha em branco		obrigatório
	Folha de rosto		obrigatório
	Termo de aprovação		obrigatório
	Dedicatória		opcional
	Agradecimento		opcional
	Epígrafe		opcional
	Resumo na língua vernácula		obrigatório
	Resumo em língua estrangeira		condicionado
	Lista de ilustrações		condicionado
	Lista de abreviaturas e siglas		condicionado
	Sumário		obrigatório
TEXTUAL	Introdução		obrigatório
	Corpo do texto	Partes e/ou capítulos	obrigatório
	Conclusões (ou considerações finais)		obrigatório
	Referências		obrigatório
PÓS-TEXTUAL	Glossário		condicionado
	Anexos		condicionado
	Folha em branco		obrigatório

2.3.1 *BLOCO PRÉ-TEXTUAL*

As páginas deste bloco, conforme os itens *infra* listados, são numeradas com algarismos romanos em minúsculas, e centralizados na parte inferior do papel.

2.3.1.1 CAPA

Seu conteúdo é: autor, título da monografia, nota indicativa, local e ano. Todo o conteúdo deve ser centralizado horizontalmente, em letras maiúsculas negritadas.

O título da monografia é centralizado também no sentido vertical.

Recomenda-se que não haja excesso no tamanho da fonte[20], ou seja, que não ultrapasse a medida 12.

Veja o exemplo a seguir:

FIGURA 1: EXEMPLO DE CAPA

MARCOS ANTÔNIO DA SILVA

TRANSVERSALIDADE E EDUCAÇÃO:
ESTUDO DA INSTITUIÇÃO ESCOLAR SOB O PARADIGMA
DA COMPLEXIDADE

CURITIBA
2010

No bloco pré-textual não deve aparecer a numeração de página, apesar de que cada página será contada e a introdução constará da página seguinte ao número das que compõem este bloco.

20. É comum que o autor e/ou o digitador sejam influenciados por manuais empresariais e formatem, especialmente o título, em tamanhos grandiosos (48, 72 ou outros ainda maiores).

2.3.1.2 FOLHA DE ROSTO

Contada como primeira página, mas sem que nela apareça a numeração. Nela são organizados os elementos necessários para identificação do documento, ou seja: nome completo do autor; título do trabalho e subtítulo quando houver, separado do título por dois pontos (quando for explicativo) ou ponto e vírgula (quando se tratar de subtítulo complementar); identificação do tipo de trabalho (monografia/dissertação/tese); nome do curso; nome da(s) instituição(ões) que promove(m) o curso (Instituto Brasileiro de Pós-Graduação e Extensão em parceria com...); nome do orientador; local e data.

Na verdade, a folha de rosto mantém os mesmos elementos da capa, acrescentando os dados relativos ao texto em um espaço entre o título e o local – igualmente distanciado dos mesmos no sentido vertical – iniciando, horizontalmente, da metade da página até a margem.

FIGURA 2: EXEMPLO DE FOLHA DE ROSTO

MARCOS ANTÔNIO DA SILVA

TRANSVERSALIDADE E EDUCAÇÃO:
LEITURA SOB O PARADIGMA DA COMPLEXIDADE

Monografia apresentada ao Curso de Especialização em Práticas Educativas, do Setor de Educação da UFPR, como requisito parcial à obtenção do grau de especialista.

Orientador: Profa. Dra. Maria Dias

CURITIBA
2010

2.3.1.3 TERMO DE APROVAÇÃO

Esta página é destinada à avaliação da monografia.

Os nomes dos dois primeiros professores que compõem a banca devem constar em ordem alfabética. O terceiro é o orientador[21].

FIGURA 3: EXEMPLO DE TERMO DE APROVAÇÃO

TERMO DE APROVAÇÃO

TRANSVERSALIDADE E EDUCAÇÃO:
LEITURA SOB O PARADIGMA DA COMPLEXIDADE

Por

MARCOS ANTÔNIO DA SILVA

Monografia apresentada ao Curso de Especialização em Práticas Educativas, do Setor de Educação da UFPR, como requisito parcial à obtenção do grau de especialista, sob avaliação da seguinte banca examinadora:

Prof. Dr. Álvaro Xxxxx xx
Departamento de Filosofia, UFPR

Profª Drª Xxxxx Xxxxxxxxxxx
Departamento de Comunicação, UFPR

Orientador: Prof. Dr. Xxxxxx Xxxxx xx XXXXXXX
Departamento de Ciências Sociais, UFPR

Curitiba, 12 de dezembro de 2010

21. Dependendo de cada curso e dos critérios de cada instituição ou, ainda, da orientação do professor de metodologia.

2.3.1.4 EPÍGRAFE

Frase de autoria própria ou retirada da literatura, que deve cumprir duas funções. A primeira é estética, i.é, configura-se como ornamento que evidencia a sensibilidade e o zelo do autor em relação à temática; a segunda é comunicativa, pois se apresenta como dístico, mote ou mensagem-síntese que o autor deseja emitir sobre a questão para divulgar sua visão sobre a temática.

A formatação da epígrafe é menos formal do que se exige para os elementos obrigatórios e condicionados, sendo possível seu ordenamento com fontes diversas, inclusive as que imitam manuscrito. O texto será disposto no canto direito inferior da página em direção à parte superior e à margem esquerda.

Epígrafes também são utilizadas, opcionalmente, no início de cada capítulo ou partes principais. Nestes casos estarão dispostas após o título ou subtítulo e antes do texto. Veja o exemplo abaixo:

FIGURA 4: EXEMPLO DE EPÍGRAFE

A Questão Que Se Coloca...
O que é grave
É sabermos
que atrás da ordem deste mundo
existe uma outra
Que outra?
Não o sabemos.
O número e a ordem de suposições
possíveis
neste campo
é precisamente
o infinito!

Artaud

2.3.1.5 DEDICATÓRIA

Espaço no qual o autor do trabalho presta alguma homenagem ou dedica o seu trabalho a alguém. Este segmento admite formatação relativamente livre, a exemplo da epígrafe, o que é extensivo aos agradecimentos.

FIGURA 5: EXEMPLO DE DEDICATÓRIA

Dedico o esforço dispendido neste estudo...

... ao querido companheiro
de todas as horas, Chartes, e
aos amados filhos Edu e Aline

2.3.1.6 AGRADECIMENTOS

Página na qual o autor do trabalho agradece a instituições ou pessoas que colaboraram para que a pesquisa fosse concretizada.

Este segmento também admite formatação relativamente livre, a exemplo da epígrafe, o que é extensivo aos agradecimentos.

FIGURA 6: EXEMPLO DE AGRADECIMENTOS

AGRADECIMENTOS

Quantas graças de tantos recebi!

Ofertaram-me conhecimento, sabedoria, estima, respeito, amizade, incentivo, companheirismo... Tantas dádivas, que contá-las é impossível; de tantos, que nomeá-los seria tarefa inexequível. Assim, reconhecendo a prodigalidade de professores, amigos e parentes, registro aqui o meu agradecimento a todos, escolhendo como seus representantes os que institucionalmente estiveram mais próximos nessa trajetória de estudo:

Professores:

Dr. Xxxxxxxxxxxx

Dra. XXXXXXXXXX

Prof. Xxxxxxx xxxxxx

Funcionários:

Xxxxxxxxxxxx

XXXXXXXXXX

Xxxxxxx xxxxxx

2.3.1.7 SUMÁRIO

Constitui-se em listagem dos títulos dos elementos posteriores ao sumário, que compõem a sistematização. Nesse rol os títulos devem constar segundo a sequência em que se encontram no trabalho, indicando os números de página onde principiam. As subordinações entre os vários segmentos são evidenciadas pela formatação e disposição dos indicadores.

FIGURA 7: EXEMPLO DE SUMÁRIO

SUMÁRIO

INTRODUÇÃO.. 1

1 CONTEXTO GLOBAL.. 15

1.1 A Questão Mundial.. 20

1.2 A Questão Brasileira... 35

1.2.1 Agravantes econômicos................................. 44

2 TEORIAS CLÁSSICAS....................................... 50

3 TEORIAS INOVADORAS.................................... 61

4 PESQUISA EMPÍRICA.. 70

5 METODOLOGIA... 71

6 RESULTADOS... 74

7 CONCLUSÕES... 91

REFERÊNCIAS... 96

APÊNDICES.. 100

ANEXOS.. 120

2.3.1.8 LISTA DE FIGURAS

Quando um trabalho porta mais de duas ilustrações, estas devem estar numeradas no interior do trabalho e listadas neste segmento, na ordem em que aparecem no texto, indicando, para cada uma, o seu número, legenda e página onde se encontra.

2.3.1.9 LISTA DE QUADROS

Se o trabalho apresentar mais de dois quadros, os mesmos devem ser numerados no interior do trabalho e listados nesta parte, na ordem em que aparecem no texto, indicando, para cada quadro, seu número, legenda e página onde se encontra.

2.3.1.10 ABREVIATURAS

Todas as abreviaturas ou siglas devem ser ordenadas alfabeticamente e seguidas de seus respectivos significados.

2.3.1.11 RESUMO

O resumo deve ser a síntese dos pontos relevantes do texto, em linguagem clara, concisa e direta. Deve ressaltar o objetivo, o resultado e as conclusões do trabalho, assim como o método e a técnica empregados em sua elaboração.

O texto do resumo é composto, no mínimo, por cerca de 10 linhas em, no máximo, uma página. A digitação será realizada sem parágrafos ou quebras de linhas, de forma que, mesmo pontuado, o texto é contínuo. A melhor forma de se elaborar um resumo é transformar em texto o sumário, ou seja, o resumo é uma espécie de redação que se dá ao sumário, de modo que todos os aspectos importantes do trabalho sejam contemplados, mas sem excesso. É fácil entender seu sentido quando se pensa em um re-sumo, isto é, um sumo do sumo, como uma re-essência: a essência duas vezes concentrada. Apesar dessa orientação ser essencialmente operacional, ela permite perceber que a escrita deste item deve ser objetiva e expressar densamente a totalidade do trabalho.

FIGURA 8: EXEMPLO DE RESUMO

RESUMO

Este trabalho de instrumentalização da pesquisa acadêmica tece considerações teórico-metodológicas sobre a pesquisa e identifica a relação pesquisa-ensino na produção do conhecimento. Indicando o caminho para construção do texto monográfico, arrola e define os tipos mais utilizados de pesquisa. Visando fornecer orientações técnicas para elaboração do trabalho monográfico, trata da revisão de literatura, da escolha do tema de pesquisa e sugere modalidades de leitura e registro. Para viabilizar o encaminhamento do projeto, esclarece as categorias que o compõem: Tema, Problematização, Objetivos, Justificativa, Revisão de Literatura, Metodologia, Cronograma e Referências. Com relação à monografia, especifica sua estrutura distinguindo os elementos obrigatórios dos opcionais e aloca estes elementos em três grandes blocos: pré-textual, textual e pós-textual. Finalmente, busca clarificar as normas técnicas para apresentação, referenciação e apresentação gráfica.

2.3.2 *BLOCO TEXTUAL*

A partir deste bloco, as páginas devem ser numeradas no canto superior direito das páginas, com algarismos arábicos. Na página inicial de cada segmento a numeração deverá estar oculta.

2.3.2.1 INTRODUÇÃO

A introdução deve ser redigida após o corpo do texto e as conclusões, pois deve apresentar a síntese do que consta no trabalho.

Os elementos que precisam estar presentes são: objeto do estudo, objetivo, a questão (ou questões) que gerou a pesquisa, relevância do trabalho, principais autores que o embasaram, como foi elaborada a sistematização e descrição sucinta de cada capítulo.

Para tanto, os itens do projeto são transcritos e reorganizados em um texto único, pois o objeto do estudo é o tema, as questões que geraram a pesquisa são configuradas como problematização, o objetivo do estudo consta no projeto como objetivo geral, a relevância do estudo é a justificativa do projeto. Ainda, como os objetivos específicos no projeto definem a capitulação da monografia, a redação dos mesmos pode ser atualizada para compor a descrição sucinta de cada capítulo.

2.3.2.2 CORPO DO TEXTO

Esta é a parte mais extensa da monografia, constituída pela reorganização da revisão de literatura, análises da mesma, reflexões sobre a prática pedagógica respaldadas nos autores estudados, além de relato de pesquisa empírica, quando esta foi realizada.

Assim, o corpo do texto deve ser organizado em partes (Parte I, II, III etc.), subdivididas em capítulos, ou apenas em capítulos. Estes também podem ser segmentados. Todos os segmentos devem ser numerados em sequência hierárquica que explicite as pertinências, sistema chamado de numeração progressiva. Nela, numeram-se sequencialmente com a série[22] natural dos números inteiros, a partir de um (1) pela ordem de sua colocação no respectivo capítulo.

O capítulo 2 (unidade que pode ou não pertencer a outra maior, como Parte I, ou Parte III...) subdivide-se numa seção secundária 2.1 e que se subdivide em 2 seções terciárias, 2.1.1 e 2.1.2. Os títulos das seções primárias (partes e capítulos) são alocados em início de página. Os outros segmentos são continuados sem quebra de página.

Evita-se tanto um número excessivo de partes ou capítulos, como sua insuficiência. Além disso, deve haver um certo equilíbrio da quantidade de texto em cada parte e capítulo. Entende-se que não há, para isso, métrica rigorosa, mas que, um capítulo com uma página e outro com vinte, mostra que ou a pesquisa

22. Verificar no Apêndice II exemplo de transposição do texto do projeto para a monografia, item introdução.

para o primeiro foi falha, ou que o assunto ali tratado não comportava ser categorizado como unidade e que poderia compor uma seção de outro capítulo.

Os capítulos são divididos a partir da revisão de literatura, de categorias abstraídas das leituras. Assim, se os autores estudados trataram do assunto conceituando-o, resgatando sua história e relatando a situação atual, esses conteúdos podem ser organizados em três capítulos: Concepções, Constituição Histórica e Realidade Contemporânea. Além destes, é interessante acrescentar um quarto capítulo de Análise Crítica, com a visão do pesquisador acerca dos autores lidos, e/ou a reflexão sobre as práticas pedagógicas vivenciadas em relação aos conteúdos estudados.

2.3.2.3 CONCLUSÕES (OU CONSIDERAÇÕES FINAIS)

Devem ser fundamentadas nos resultados e na discussão, contendo inferências em relação aos conteúdos abordados em correspondência com os objetivos propostos, referindo-se, então, à introdução e ao início do trabalho.

Ao se fazer esta parte da monografia, um certo fechamento do texto, não se deve ter – nem mostrar – qualquer pretensão de verdade. É mais produtiva a humildade acadêmica que reconhece ter alcançado apenas mais um "horizonte em fuga", rejubilando-se pela travessia efetuada e, principalmente, pelas novas perspectivas fugidias cujo vislumbre incita a continuidade da investigação para o *stricto sensu*.

2.3.2.4 REFERÊNCIAS

São o conjunto de elementos que permitem a identificação, no todo ou em parte, dos documentos impressos ou registrados em diversos tipos de materiais, que foram utilizados para a elaboração do texto monográfico. As referências bibliográficas são apresentadas em forma de listagem não numerada e em ordem alfabética, das leituras referidas.

Os elementos essenciais de cada referência são: autor; título; local; editor; e ano de publicação. A sequência estipulada é a seguinte:

SOBRENOME, Nome. **Título**: subtítulo. Tradutor: Número da edição (da segunda em diante). Local: Editor, ano.

> ASSMANN, Hugo. **Novas metáforas para reencantar a educação:** epistemologia e didática. Piracicaba: Unimep, 1997.

As orientações sobre dados a registrar, sua ordem e forma são detalhadas no item 2.5.

2.3.3 *BLOCO PÓS-TEXTUAL*

Deve haver continuidade da numeração arábica nas páginas, mas ocultada ao início de cada segmento, excetuando a última, que não recebe nenhum número. A exemplo do Bloco Pré-Textual, os itens sublinhados são opcionais e/ou decorrentes da especificidade do trabalho.

2.3.3.1 ANEXOS E APÊNDICES

Os primeiros são partes integrantes do texto, mas destacados do mesmo para evitar descontinuidade na sequência lógica das ideias. Constituem suportes elucidativos e ilustrativos para a compreensão do texto.

Os apêndices constituem suportes elucidativos e ilustrativos, porém não essenciais à compreensão do texto. Quando existe a necessidade no trabalho de vários anexos ou apêndices, cada um deles deve ter no alto da página a indicação em letras maiúsculas, seguido do número correspondente em algarismo arábico. No texto devem ser citados entre parênteses.

Alto da página – ANEXO 5 ou APÊNDICE 3

No texto – (ANEXO 5) OU (APÊNDICE 3)

2.3.3.2 GLOSSÁRIO

Lista de palavras pouco conhecidas, de sentido obscuro ou de uso muito restrito, acompanhadas de definição.

2.4 ARTIGO

Artigo é um trabalho científico, elaborado por um ou mais autores com o objetivo de divulgar resultados de pesquisas, bem como estudos sobre temas ou conceitos específicos de uma determinada área do conhecimento. (Exemplo de artigo no ANEXO III)

2.5 RESENHA

A resenha[23] é utilizada, principalmente, para apresentação do conteúdo de um livro ou material bibliográfico. Pode ser laborado por um ou mais autores com a finalidade de apresentar sucintamente a temática central da obra e chamar atenção dos leitores para aspectos culturais e científicos relevantes presentes no texto. Trata-se de uma exposição sintética do conteúdo que deve ser objetiva e conter os pontos principais e mais significativos da obra; estrutura dos capítulos e/ou partes; destacar o assunto parte por parte, os objetivos, a ideia central e os principais passos do recorte do autor. Da mesma forma deverá apresentar um comentário crítico destacando aspectos positivos e/ou negativos quanto a contribuições que o texto traz do ponto de vista da qualidade científica, literária e filosófica, originalidade, criatividade, linguagem, coerência e consistência.

Importante alertar o resenhista sobre algumas observações e recomendações que ele deve considerar no momento da construção do texto: a) comentário normalmente é feito como último momento da resenha. É possível também ser distribuído difusamente durante a exposição do conteúdo, ou seja, pode-se expor e comentar simultaneamente as ideias do autor; b) as críticas não devem ser dirigidas a pessoa ou às condições pessoais de existência do autor. Ao contrário devem ser dirigidas às ideias e posições do autor; c) contextualizar a obra no âmbito do pensamento do autor: relacioná-la com outros trabalhos por ele produzidos estabelecendo um diálogo; d) o resenhista deve defender seu ponto de vista contrários ou não com o do autor. (Exemplo de RESENHA no ANEXO IV)

23. Roteiro inspirado no livro *Metodologia do trabalho científico*, de Antônio Joaquim Severino.

3

Normas técnicas para apresentação de trabalhos

O sentido da existência de normas técnicas para a apresentação de trabalhos é constituir uma leitura única e universal de toda e qualquer produção científica, a ser compreendida da mesma forma em todos os idiomas. Suas exigências em relação às formas e ordens atendem a uma lógica que pretende padronizar para facilitar o entendimento.

Diversas questões transformaram o saber sobre estas normas em tabu. Algumas precisam ser elucidadas:

A primeira é a frequência de suas atualizações e a não concomitância de repasse das mesmas nas várias instâncias que as divulgam. A instituição dos modelos se faz, inicialmente, por uma associação internacional de normas e patentes que divulga suas determinações aos vários países. Em seguida, a Associação Brasileira de Normas Técnicas as traduz, em linguagem extremamente técnica e árida. Finalmente, algumas instituições organizam manuais explicativos com exemplos e ilustrações.

A segunda questão está vinculada à impossibilidade da verdade e da objetividade científica, tal qual o imaginário ocidental as instituiu: há grande diversidade de interpretações das normas da Associação Brasileira de Normas Técnicas (ABNT).

Em terceiro lugar, há a relação de saber e poder que permeia tanto a aplicação quanto a transmissão – exercício docente e/ou publicação de livros – e a avaliação das mesmas. É habitual, por exemplo, que se recomende um bom livro sobre metodologia científica e que o mesmo, na 20ª edição, não tenha sido atualizado.

Uma tal publicação, apesar de conter teorias e orientações gerais de estudo excelentes, apresenta muitos aspectos normativos defasados. Entretanto, como as novas edições – que deveriam ser classificadas como reimpressões – continuam sendo vendidas, as editoras e seus autores não as modificam, pois a atualização completa de um livro acarreta custos e trabalho. Também o professor de metodologia precisaria renovar seu acervo e/ou se inteirar sobre as mudanças. Uma vez que nem sempre isso ocorre, alunos e pesquisadores ficam na dependência do material acessado.

É possível perceber que o entrecruzamento apenas dessas três questões multiplicam as interpretações do que se entende por "norma técnica". Acrescentando-se ao exposto a problemática da "indústria" de produção e digitação de trabalhos acadêmicos. Assim, cabendo ao professor a atualização intrincada e ao "digitador" a avaliação do seu trabalho por docentes com leituras diversas, os equívocos tornam-se incontáveis.

Para reduzir essa diversidade de interpretações na apresentação dos trabalhos, especialmente da monografia, algumas orientações gerais constarão a seguir, recomendando-se, em caso de dúvida, a consulta às normas da ABNT.

3.1 CITAÇÕES E REFERÊNCIAS

É importante que se reitere sobre a importância de referenciar o texto, pois isso demonstra tanto a probidade do autor como a adequação do trabalho aos propósitos da pós-graduação, qualidades que se interligam. A probidade significa atribuir as elaborações aos autores que as criaram, i.é, não plagiar. Além disso, a relevância da revisão de literatura é proporcional a sua extensão e profundidade, de forma que quanto maior o número de autores nela referidos, mais a sistematização adquire importância. A extensão – quantitativa – se manifesta naturalmente na profundidade das análises e relações contidas no texto, pois a intensidade das leituras realizadas resulta em elaborações competentes. Por isso, probidade e adequação se fundem ao ponto de textos não referenciados ou apenas referenciados por leituras não realizadas, denunciarem seus transcritores.

Convém ressaltar que todos os autores indicados no corpo do texto devem constar na listagem de referências, e vice-versa.

No texto, esse registro deve mostrar o sobrenome do autor, o ano da edição de seu texto e, em caso de citação – transcrição das palavras do autor –, o número da página.

Paráfrase, citação curta e citação longa encontram-se exemplificadas na *sequentia*:

PARÁFRASE

Hansen (2000) relata haver a assembleia determinado a todos os sacerdotes de que tinham cura das almas a obrigação de conhecer seu rebanho e com ele celebrar a liturgia, fornecendo a palavra divina por ocasião dos ritos, bem como nas boas obras. Como pregar vinculava-se à formação eclesiástica, o concílio houve por bem indicar a forma de realizá-la na fundação de seminários diocesanos.

CITAÇÃO CURTA (MENOS DE 5 LINHAS)

A escolha pragmática acima referida é tratada por Hansen (2000, p. 25[24]) analisando que "...os jesuítas tinham optado por um humanismo de cultura e de formação, opondo-se nitidamente ao humanismo de erudição".

CITAÇÃO LONGA (MAIS DE 5 LINHAS)

Por isso definiu-se a representação em geral como teatro sacro, no qual encenavam os conceitos e conhecimentos que desejavam ensinar. No entendimento do autor:

> A escolha da via oral para transmitir a verdade canônica confirmada no Concílio de Trento resultou em uma extraordinária reativação da Retórica antiga. A conjunção, nos decretos tridentinos, de uma reforma do sacerdócio e do episcopado, de um lado, e de uma reforma da eloquência, de outro, teve por consequência dotar o ideal do *Orator* ciceroniano de uma autoridade, de uma substância e de um campo de ação sem medida comum (HANSEN, 2000, p. 28).

REFERÊNCIA

A referência bibliográfica relativa aos exemplos dos itens anteriores é a seguinte:

24. Esta mesma citação pode ser referenciada também substituindo-se o **p.** por **dois pontos**. Ex.: HANSEN (2000: 25). Como já se disse, a escolha deve ser para todo o texto. Não se deve usar **p.** em alguns casos e **dois pontos** em outros, pois a padronização é um dos quesitos das normas técnicas.

HANSEN, J.A. A civilização pela palavra. *In*: LOPES, E.M.T.; MENDES FILHO, L.; VEIGA, C.G. **500 anos de educação no Brasil**. 2. ed. Belo Horizonte: Autêntica, 2000.

3.2 REFERÊNCIAS

Trata-se da listagem, em ordem alfabética rigorosa, das obras e documentos pesquisados.

3.2.1 LIVROS

As referências de livros devem ser realizadas da seguinte forma: sobrenome do autor / iniciais do nome[25] / título da obra / edição[26] / cidade / editora / data. Quando houver mais de um autor, deve-se separá-los por ponto e vírgula. No caso de livro traduzido, após seu título deverá constar o nome do tradutor. Exemplos:

3.2.1.1 LIVRO COM UM AUTOR

FREYRE, G. **A propósito de frades**. Bahia: Publicações Universidade da Bahia, 1959.

3.2.1.2 LIVRO COM MAIS DE UM AUTOR

LOPES, E.M.T.; MENDES FILHO, L.; VEIGA, C.G. **500 anos de educação no Brasil**. 2. ed. Belo Horizonte: Autêntica, 2000.

3.2.1.3 LIVRO TRADUZIDO

LAS CASAS, F.B. **O paraíso destruído**: brevíssima relação da destruição das Índias. Trad. Heraldo Barbuy. Porto Alegre: L&PM, 1996.

3.2.2 REVISTAS

Sobrenome do autor / nome / título do artigo / nome da revista / cidade / edição ou número / data / página:

---

25. Alguns autores dão preferência ao nome do que às iniciais, o que também é adequado.

26. A partir da segunda.

FONTANELLA, F.C. **O corpo no limiar da subjetividade.** Revista Comunicações da UNIMEP. Piracicaba, n. 6, nov./dez. 1999, p. 55-83. 55-83.

3.2.3 JORNAIS

Sobrenome do autor / nome / título do artigo / nome do jornal / cidade / data / ano / página:

SILVA, P. **Educação contemporânea.** Caderno Mais. Folha de São Paulo. São Paulo, 25 de fev. 1999, p. 7.

3.2.4 MONOGRAFIAS, DISSERTAÇÕES E TESES

Sobrenome do autor / nome / título da monografia, dissertação ou tese / curso / instituição / local / ano. (suporte [CD, MIMEO[27])

ARRUDA, L. **Literatura e poesia.** Monografia apresentada ao Curso de Especialização em Curso de Pós-Graduação em Interdisciplinaridade na Educação Básica. Curitiba, realizado pelo Instituto Brasileiro de Pós-Graduação e Extensão. Curitiba, 2000.

3.2.5 DOCUMENTOS OFICIAIS, PUBLICAÇÕES DE ENTIDADES COLETIVAS E ÓRGÃOS PÚBLICOS

País (ou estado ou município) / órgão / repartição / título do documento / local da publicação / editora / ano.

BRASÍLIA, Secretaria de Educação Fundamental. **Parâmetros Curriculares Nacionais.** Brasília: MEC; SEF, 1997.

3.2.6 INTERNET

Sobrenome do autor / nome / título / URL[28], data.

GÂNDAVO, P.M. **História da Província de Santa Cruz.** http://www.cce.ufsc.br/~alckmar/literatura/literat.html; <bibvirt@futuro.usp.br>. Acesso em 20 abr. 2000.

---

27. Que quer dizer **mimeografado** e se refere a modos de reprodução do texto no papel (impresso via computador, reprografia...).

28. *Uniform Resource Locator*, ou seja, o endereço da página.

3.2.7 APOSTILAS

Sobrenome do autor / nome / título / local / data / local da apresentação.

SILVA, E. **A Questão da Didática**. Curitiba, UFPR, 1998. Disciplina de Didática. Curso de Pedagogia, Setor de Educação da Universidade Federal do Paraná. Mimeografado[29].

3.3 NOTAS DE RODAPÉ

As normas da ABNT apresentam várias possibilidades para que se ocupe o rodapé. Todavia, para simplificar, pode-se definir que este espaço será utilizado exclusivamente para notas explicativas do texto, denominadas notas de conteúdos. Isto quer dizer o seguinte: sempre que alguma explicação torne o texto pouco claro ou desvie o foco da análise, a mesma poderá ser alocada no rodapé. Com isso a escrita principal pode ser mais objetiva.

3.4 APRESENTAÇÃO GRÁFICA

3.4.1 CAPA

Os exemplares em capa dura devem ter o conteúdo impresso em letras douradas, sendo admitido o **Arial** 16 como tamanho máximo de fonte. Na lombada da encadernação deverá constar: a sigla da instituição e o título da monografia. Caso a lombada não comporte o título em toda a sua extensão, constar o que for possível seguido de reticências.

3.4.2 PAPEL

O papel deve ser branco, no formato A4 (21,0cm x 29,7cm). Quando a largura do formato padrão for insuficiente para a apresentação das ilustrações, adotar o formato padrão com largura ampliada, definindo convenientemente dobras sucessivas no formato resultante, ou cópia reduzida das ilustrações, desde que não prejudiquem a leitura das mesmas, seguindo o formato padrão.

---

29. Que pode ser abreviado como MÍMEO.
É importante lembrar que se deve obedecer o mesmo critério em todo o trabalho, ou seja, ou mimeografado, ou MÍMEO.
Esta observação se estende a todas as escolhas que são possíveis na apresentação.

3.4.3 MARGENS

Observar as seguintes margens: – superior 3,0cm; – inferior 2,0cm; – esquerda 3,0cm; – direita 2,0cm.

3.4.4 ESCRITA

Não obstante encontrar-se em livros acadêmicos a conjugação verbal na primeira pessoa – tanto no singular ("...pesquisei a temática..."), como no plural ("...pesquisamos a temática...") –, a recomendação é da expressão impessoal ("...pesquisou-se a temática..." ou "a temática foi pesquisada..."). Outra forma não apropriada é a das expressões: "...**o pesquisador** infere que..." ou "...**o autor** relata..." Recomenda-se substituir esta forma por: infere-se, apresenta-se o relato etc.

Quanto ao aspecto da edição do trabalho, deve-se utilizar somente um lado da folha.

As fontes que correspondem às normas são: **Times** tamanho 13 ou **Arial** 12 para texto de redação própria e para citações breves. Citações longas e a listagem de Referências demandam fontes menores: **Times** tamanho 11 ou **Arial** 10. Recomenda-se não utilizar fontes que ocupam muito espaço tal como **Bookman**, ou muito rebuscadas, mesmo nas páginas que permitem flexibilidade, como as destinadas para epígrafe, dedicatória etc.

É importante que aspas, palavras em negrito e em itálico sigam as seguintes recomendações:

3.4.4.1 Aspas

São utilizadas as aspas **apenas** para citações curtas (menos de cinco linhas). Apesar de se constituir em praxe colocar aspas em palavras que se quer enfatizar, esta não é a norma correta. A ênfase se faz com o recurso gráfico da fonte em negrito.

3.4.4.2 Negrito

O recurso gráfico **negrito**, além de destacar títulos e subtítulos mais importantes, permite que se dê ênfase a palavras ou expressões, a exemplo do que se fez neste parágrafo com a palavra **negrito** ou no parágrafo anterior com a palavra **apenas**.

3.4.4.3 Itálico

O recurso gráfico **itálico** deverá ser utilizado exclusivamente para palavras e expressões em outras línguas, como *software*, *lato sensu*, *United States*, *España* etc.

3.4.5 ESPAÇAMENTO

Utilizar, no texto, espaço 1,5 ou duplo e em citações longas e listagem de referências, espaço simples.

Cada novo capítulo começa em nova folha, com título destacado do texto. Utilizar fonte **Times** tamanho 15, ou **Arial** 14.

O fim de uma seção e o cabeçalho da próxima são separados por espaços extras. Quando uma seção terminar próxima ao fim de uma página, colocar o título ou subtítulo da próxima seção ou subseção na página seguinte.

3.4.6 PAGINAÇÃO

As páginas pré-textuais devem ser contadas, porém não numeradas; a indicação de número de página é colocada a partir da primeira folha de texto (introdução) e inclui apêndices e anexos; a paginação deve ser feita em algorismos arábicos sequenciais, colocados no canto superior direito da folha.

3.4.7 ILUSTRAÇÕES

Gráficos, figuras, mapas, fotos, fluxogramas, fórmulas, quadros e tabelas são considerados ilustrações.

As ilustrações devem ser apresentadas de forma clara para enriquecer o conteúdo, portanto, devem ser pertinentes ao que se quer transmitir e serão indicadas no texto por (tab. 1) para tabelas e por (fig. 1) para figuras.

Os títulos e legendas que acompanham as ilustrações devem acompanhar a nitidez do texto. O título da tabela precederá a mesma. A indicação de fonte, caso tenha, situa-se logo abaixo da tabela. É obrigatória a indicação da fonte quando a tabela não for elaborada pelo autor.

Caso algum valor tabulado das tabelas mereça explicação, esta poderá ser salientada por um asterisco abaixo da tabela (colocar o mesmo símbolo ao lado direito e acima do valor em destaque). Quando uma tabela ocupar mais de uma página, não será delimitada na parte inferior repetindo-se o cabeçalho na página seguinte.

Não se apresenta nenhuma ilustração sem menção ao seu conteúdo, pois este recurso serve como complemento ilustrativo da explanação. Dessa forma, o texto sempre deverá se reportar à ilustração, como nos exemplos retirados de Diez (2000, p. 51 e p. 52), e transcritos na *sequen*tia.

EXEMPLOS DE TABELAS:

Embora Curitiba procure ressaltar seu elevado padrão, o conjunto da região passa a viver uma deterioração crescente da qualidade de vida, como resultado da urbanização concentrada, empobrecida e desprovida de investimentos em infraestruturas e serviços urbanos compatíveis ao volume e à complexidade das demandas. A desigualdade social da população é ampliada pela diferenciação de disponibilização de infraestrutura urbana (tab.4), conforme dados do "Mapa da Pobreza de Curitiba":

TABELA 4 — VARIAÇÃO ENTRE OS BAIRROS DE CURITIBA (%)

CRITÉRIOS	MELHOR BAIRRO	PIOR BAIRRO	VARIAÇÃO
Domicílios com coleta de lixo	99,23	0,53	98,7
Domicílios com intalações sanitárias ligadas à rede de esgoto	97,29	0,14	97,15
Domicílios com cobertura de água	98,32	13,92	84,9
Domicílios precários	0,05	84,41	84,36
Índice de mortalidade infantil	4,75	78,43	63,68
Chefes de família com instrução entre 1ª e 7ª série	10,80	74,52	63,62
Tempo* de espera pelo transporte coletivo**	3,94	60	56,06
Chefes de família com renda inferior a 1 salário mínimo	0,05	59,35	59,30
Chefes de família com instrução até 1ª série	0,58	23,39	22,81
Índice de doenças imunopreveníveis	1,83	36,70	34,87

* Em minutos

** 5 bairros não são servidos por transporte coletivo

Fonte: IPARDES/IPUC/UFPR, 1997

EXEMPLO DE QUADRO – ver itens 2.2, 2.2.7 e 2.3.

EXEMPLO DE FIGURA

Curitiba tem 3,32% de toda a área metropolitana, mas uma população aproximada de 1,5 milhão de pessoas (61% da região metropolitana). Ou seja, num espaço de 3% vive 60% da população (fig. 5). Obviamente, as condições físicas da capital encontram-se limitadas para atração de novos empreendimentos, sendo necessária a apropriação do território de outros municípios da região metropolitana de Curitiba (RMC) e sua adequação às exigências urbanas de grandes projetos, qualificando-se, assim, para concorrer com outras regiões na atração de atividades econômicas decorrentes dos novos circuitos de produção. A RMC é então **"descoberta"** (*sic*) e incorporada ao discurso oficial também como uma área potencial, mas, principalmente, como um fardo para a capital.

FIGURA 9 – EXEMPLO DE FIGURA

Região Metropolitana de Curitiba

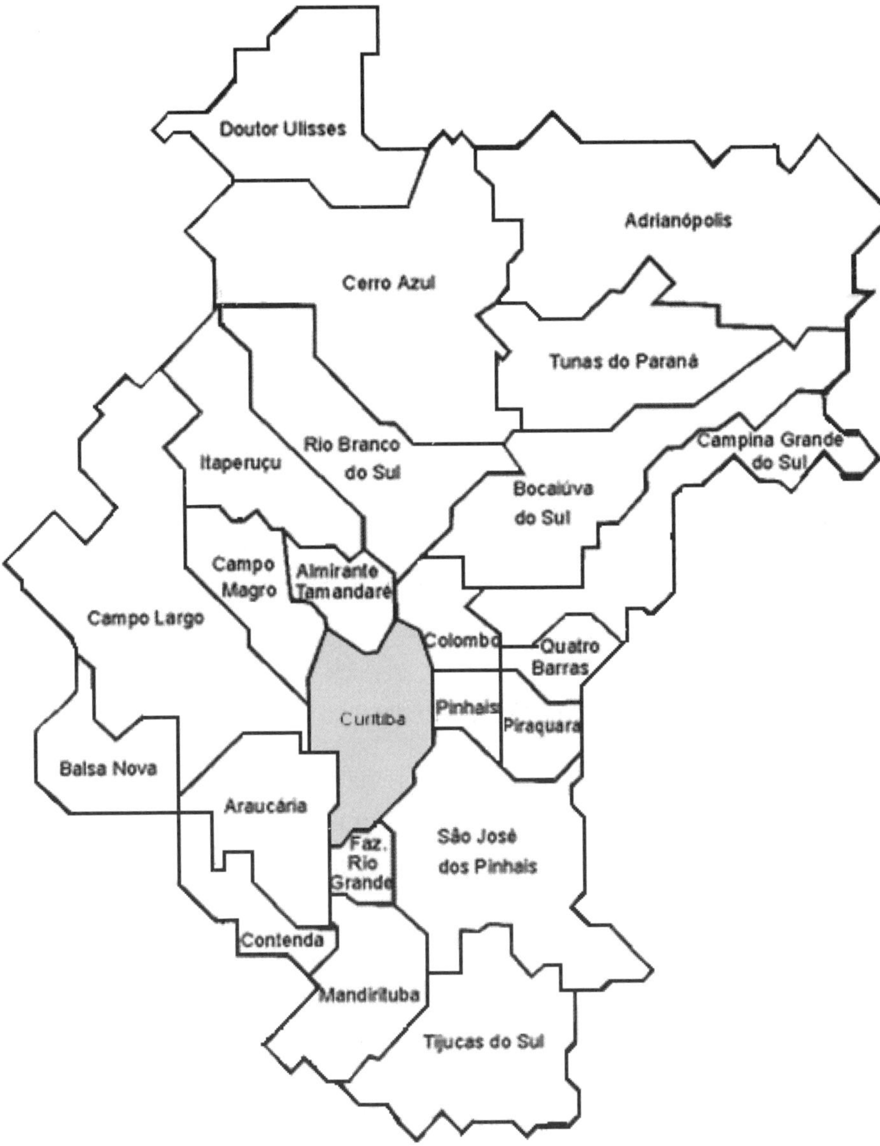

Fonte: IPUC in DIEZ, 2000: 98.

FIGURA 10 – EXEMPLO DE GRÁFICO

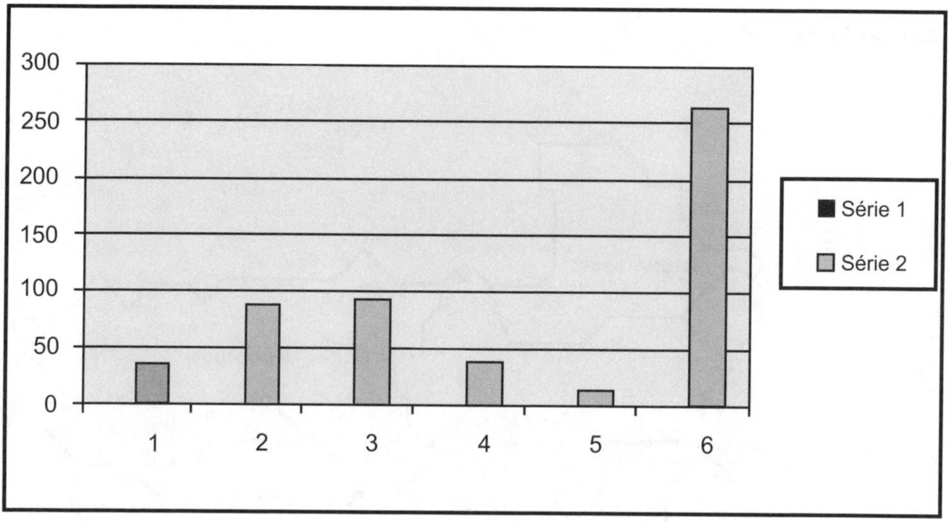

Fonte: http://www.suttii.hpg.ig.com.br/arquivos/_graficos/_graficospib.gif

Orientações mais detalhadas sobre tabelas e gráficos – quando necessárias – podem ser encontradas nas normas para apresentação de documentos científicos da ABNT, ou nas publicações destas normas que são publicadas pelas próprias universidades.

3.4.8 RECURSOS DO LATIM E ABREVIATURAS

Algumas palavras em latim e/ou suas abreviaturas são encontradas com frequência nas publicações acadêmicas e facilitam referenciar ou esclarecer, conforme alguns exemplos abaixo:

apud (junto a, em) ou *in* (em) – para indicar citação de um autor encontrada em texto de outro autor. Exemplificando: lança-se mão de uma citação de Foucault em um texto de Inês Lacerda de Araújo, referencia-se a citação com (FOUCAULT *in*: ARAÚJO, 2000, p. 50) ou (FOUCAULT *apud*: ARAÚJO, 2000, p. 50).

cf. – *confer*, compare, confira;

sic – este vocábulo, que significa "assim", é utilizado entre parênteses quando se deseja ironizar ou mostrar discordância a vocábulos ou frases de uso comum ou de autores. Nestes casos pospõe-se *sic* a uma citação, ou que nesta se intercala, entre parênteses ou entre colchetes, para indicar que o texto original é bem assim, por errado ou estranho que pareça, conforme se vê no texto do exemplo de figura (item 2.7.7).

ibid. – *ibidem*, da mesma obra.

inf. ou *infra* – abaixo.

supra (acima).

loc. cit. ou *loco citato* (no lugar citado).

op. cit. ou *opere citato* (na obra citada).

seq. ou *sequentia* (seguinte ou que segue).

s.*l.* ou *sine loco* (sem referência de local).

s.*n.* ou *sine nomine* (sem referência de nome).

s.*d.* ou *sine data* (sem referência de data).

s.*p.* ou *sine pagina* (sem paginação ou sem referência de página).

Tais palavras ou expressões são escritas, **sempre em itálico**, por extenso no texto e abreviadamente para referenciar.

As três últimas expressões *supra* listadas são um recurso importante para indicar que quem está escrevendo o texto não desconhece as normas de referenciação, mas que os documentos consultados não possuíam as referências completas. Assim, quando o documento não possui o nome do autor, no espaço pertinente faz-se constar [s.*n.*]; se o documento não registra a data da edição, substitui-se esta ausência por [s.*d.*]; finalmente, quando não há número de página no material estudado, utiliza-se [s.*p.*]. Como exemplo, se a referência completa fosse (ARAÚJO, 2000, p. 53), mas estivesse omitido o nome do autor, referenciava-se com ([s.*n*], 2000, p. 53); caso não constasse a data, registrava-se (ARAÚJO [s.*d.*], p. 53); e se não houvesse número de página, anotava-se (ARAÚJO, 2000, [s.*p.*]).

Referências

ALVES, R. **Filosofia da ciência.** São Paulo: Ars Poética, 1996.

______. **Entre a ciência e a sapiência**: o dilema da educação. São Paulo: Loyola, 1992.

ARAÚJO, Inês Lacerda. **Foucault e a crítica do sujeito**. Curitiba: UFPR, 2000.

ASSMANN, H. **Novas metáforas para reencantar a educação**. Piracicaba: Unimep, 1997.

BAKHTIN, M. (Volochinov). **Marxismo e filosofia da linguagem**. São Paulo: Hucitec, 1999.

CERVO, A.L.; BERVIAN, P.A. **Metodologia científica**. São Paulo: McGraw-Hill, 1974.

CHAUÍ, M. **Introdução à históra da filosofia**: dos pré-socráticos a Aristóteles. São Paulo: Brasiliense, 1994.

CHEPTULIN, A. **A dialética materialista**: Categorias e leis da dialética. São Paulo: Alfa-Ômega, 1982.

CUNHA, J.A. **Filosofia**: iniciação à interpretação filosófica. São Paulo: Atual, 1992.

DIEZ, G.F. **Legislação e políticas ambientais em Curitiba**. Curitiba, PUC; CNPq, 2000. Relatório final de pesquisa do PIBIC.

DEMO, P. **Pesquisa**: princípio científico e educativo. 2. ed. São Paulo: Cortez, 1991.

DESCARTES, R. **Discurso do método**. *In*: Os Pensadores. São Paulo: Nova Cultural, 1999.

DREYFUS, H.L.; RABINOW, P. **Michel Foucault**: uma trajetória filosófica: para além do estruturalismo e da hermenêutica. Rio de Janeiro: Forense Universitária, 1995.

FIORIN, J.; SAVIOLI, F.P. **Para entender o texto**: Leitura e redação. São Paulo: Ática, 1994.

FOUCAULT, M. **História da sexualidade I**: A vontade de saber. Trad. Maria Tereza Costa Albuquerque e J.A. Guilhon Albuquerque. 11. ed. Rio de Janeiro: Edições Graal, 1993.

______. **Vigiar e punir**: Nascimento da prisão. Trad. Lígia M. Pondé Vassalo. 3. ed. Petrópolis: Vozes, 1984.

______. **L'Archéologie du savoir**. Paris, Gallimard, Bibl. des Sciences Humaines, 1969.

HORN, G.B. *et al*. **Diretrizes para produção de trabalhos monográficos**. Curitiba: FIES, 2001.

JAPIASSU, H; MARCONDES, D. **Dicionário básico de filosofia**. Rio de Janeiro: Zahar, 1996.

LAVILLE, C.; DIONNE, J. **A construção do saber**: Manual de metodologia da pesquisa em ciências humanas. Porto Alegre: Artes Médicas, 1999.

LURIA, A.R. **Pensamento e linguagem**. Porto Alegre: Artes Médicas, 1986.

MEDEIROS, J.B. **Técnicas de redação**. São Paulo: Atlas, 1991.

PINTO, A.V. **Ciência e existência**. 3. ed. São Paulo: Paz e Terra, 1985.

PLATÃO. **Mito da caverna**. *In*: República, Livro VII, p. 514-519.

REY, F.G. **Epistemologia qualitativa y subjetividade**. Educ, 1997.

RUDIO, F.V. **Introdução ao projeto de pesquisa científica**. 20. ed. Petrópolis: Vozes, 1996.

RUIZ, J.A. **Metodologia científica**: Guia para eficiência nos estudos. São Paulo: Atlas, 1982.

SAVIANI, D. **Concepção de dissertação de mestrado centrada na ideia de monografia de base**. Caxambu: ANPED, 1998. Disquete.

TRIVIÑOS, A.S. **Introdução à pesquisa em Ciências Sociais**: Pesquisa qualitativa em educação. São Paulo: Atlas, 1995.

UNIVERSIDADE FEDERAL DO PARANÁ. **Normas para apresentação de documentos científicos**. Curitiba: UFPR, 2000.

APÊNDICES

APÊNDICE I

A alegoria da caverna e o conhecimento

A alegoria da caverna – também tratada como "mito da caverna" (CHAUÍ, 1999) – é um dos textos mais conhecidos de Platão e se encontra no Livro VII da sua famosa obra *A República*. Trata-se de um diálogo entre Sócrates e seu discípulo Glauco.

Sócrates diz para Glauco imaginar homens em uma caverna subterrânea, que tem em toda sua largura uma entrada aberta para a luz; esses homens encontram-se acorrentados nesse lugar, desde pequenos, com pernas e pescoço presos, de modo que não podem sair dali e apenas podem olhar para a frente, pois as correntes não lhes possibilitam quaisquer movimentos. Recebem a luz de uma fogueira que está atrás deles, quase ao centro da caverna, em um plano mais elevado. Entre os prisioneiros e a fogueira há um caminho elevado; imagine que ao longo deste caminho há um murozinho, "...semelhante aos tabiques que os exibidores de fantoches erigem à frente deles e por cima dos quais exibem as suas maravilhas" (PLATÃO, 1973: 105).

Glauco aquiesce que consegue imaginar o cenário e Sócrates continua descrevendo-o, agora com homens que passam por trás do muro carregando objetos de formas diversas – de utensílios a animais – e como o muro é mais alto que os homens, mas os objetos ultrapassam esta altura, de modo que suas sombras são projetadas na parede dos fundos da caverna, único campo de visão que os prisioneiros têm.

O discípulo enunciou seu estranhamento acerca dos homens e dos prisioneiros, mas Sócrates afirmou que eles se parecem conosco, e como nunca viram outra coisa, os prisioneiros imaginam que as sombras que veem são as coisas em si. Eles conversam entre si sobre o que veem projetado, mas, pautados apenas

nas sensações, chegam apenas a fazer conjecturas, formular opiniões[1]. Eles não têm condições de saber que são sombras, nem que são imagens de coisas e nem mesmo que fora da caverna há uma realidade com seres humanos e coisas verdadeiras. "Também não podem saber que enxergam porque há a fogueira e a luz no exterior e imaginam que toda luminosidade possível é a que reina na caverna" (CHAUÍ, 1999: 40).

Quais seriam as consequências da libertação desses homens – pergunta Sócrates – caso acontecesse o seguinte: um deles conseguiria livrar-se das correntes e olharia para a luz e não apenas sentiria dor, como ofuscamento, de forma que não conseguiria distinguir os objetos cujas sombras enxergava antes. Seu primeiro impulso seria retornar ao local onde viveu aprisionado. E se alguém lhe dissesse que tudo o que ele viu em sua vida inteira eram fantasmas e que apenas agora, por estar mais próximo do mundo real, é que ele realmente poderia enxergar com precisão. Naturalmente o recém-liberto ficaria confuso, mas habituando-se à claridade – auxiliado por um filósofo –, veria todo o cenário dos homens com as estatuetas cujas sombras ele acreditava ser a verdade; continuando, veria o mundo real fora da caverna e enxergaria as próprias coisas[2], perceberia, então, que durante toda sua vida, apenas viu sombras de imagens; todavia, graças à saída da caverna, passou a contemplar a realidade mesma, observá-la, analisá-la e compreendê-la.

Neste mundo deslumbrante, o ex-prisioneiro lembrar-se-ia da prisão e de seus companheiros, poderia aferir sobre sua boa sorte e a desgraça daqueles que permaneceram na caverna. Ele poderia retornar à caverna e, demorando em habituar-se novamente à escuridão, contaria o que viu aos prisioneiros. Não seria ele objeto de riso dos outros? E, se procurasse libertá-los "...e conduzi-los ao alto, e conseguissem eles pegá-lo e matá-lo, não o matarão?" (PLATÃO, 1973: 109).

Glauco, imaginando todo o cenário, concordou com o mestre.

Assim, Sócrates mostra a Glauco a necessidade de aplicar essa alegoria a tudo o que discutiram e refletiram, para comparar o mundo percebido pela visão com a caverna, e a luz do fogo que nele ilumina com a do sol. Quanto à subida para o mundo superior e a contemplação do que lá existe, significa a ascensão da alma para a região inteligível.

---

1. Para Platão esta é a *doxa*, um conhecimento ilusório, uma vez que não se pauta em conceitos.
2. Este conhecimento verdadeiro – *episteme* – despreza as sensações e enfatiza a teoria.

O mestre afirma seu ponto de vista de que no mundo inteligível a ideia do bem é de difícil compreensão, mas que, uma vez apreendida, traz a certeza de que é a causa de tudo o que é belo e direito em todas as coisas; que engendrou, no mundo visível, a luz e o senhor da luz; como no mundo inteligível é soberana, fonte imediata da verdade e da inteligência, que precisará ser contemplada por quem quiser agir com sabedoria, tanto na vida pública como na privada.

Esta alegoria permite inúmeras interpretações. Apresenta-se, a seguir, a interpretação de Chauí (1999: 40-41), como ponto de partida para novas análises e questionamentos.

> O que é a caverna? O mundo em que vivemos. Que são as sombras das estatuetas? As coisas materiais e sensoriais que percebemos. Quem é o prisioneiro que se liberta e sai da caverna? O filósofo. O que é a luz exterior do sol? A luz da verdade. O que é o mundo exterior? O mundo das ideias verdadeiras ou da verdadeira realidade. Qual o instrumento que liberta o filósofo e com o qual ele deseja libertar os outros prisioneiros? A dialética. O que é a visão do mundo real iluminado? A Filosofia. Por que os prisioneiros zombam, espancam e matam o filósofo? (Platão está se referindo à condenação de Sócrates à morte pela assembleia ateniense.) Porque imaginam que o mundo sensível é o mundo real e o único verdadeiro.

APÊNDICE II
Exemplo de projeto

Elaborar capa com nome do autor, título do projeto, dados da instituição, cidade onde o pesquisador elaborou o projeto e ano da mesma elaboração.

1 TÍTULO

GENEALOGIA DA EDUCAÇÃO NO BRASIL: uma história do presente.

2 TEMA

Genealogia da escola brasileira, sob o paradigma teórico de Michel Foucault como história do presente, delineadora do perfil da escola contemporânea, complementado pela visão de Gilles Deleuze sobre Sociedade de Controle e Instituições em Implosão.

3 PROBLEMATIZAÇÃO

A leitura da realidade escolar indica que a instituição do saber se encontra em crise: elevados índices de reprovação, exclusão e insuficiência de apreensão dos conteúdos convivem com a questão social que atinge tanto discentes quanto docentes. Planos de reformas e de melhoria da qualidade do ensino são impingidos a professores malremunerados e, em muitos casos, malpreparados.

Aos que cursaram o terceiro grau, desde a década de 1970, foi repassada a visão marxista da história da educação, resumida em um alarido discursivo em torno da questão da universalização e democratização do ensino, do acesso e permanência na escola; da busca incessante dos culpados pelo exercício de um poder que se instala para privilegiar alguns e prejudicar grandes contingentes; da insistência em delatar o que está subjacente às práticas pedagógicas conservadoras.

A exclusividade de opção epistemológica na formação do educador peca por um repasse parcial da análise da educação, gerando uma incapacidade de observação do fenômeno global.

4 JUSTIFICATIVA

A literatura sobre a história da educação no Brasil, desde fins da década de 1970, tem sido norteada, quase que exclusivamente, pelo paradigma marxista. Tal arcabouço, apesar de se constituir em um avanço em relação à produção historiográfica anterior, significa apenas um dos prismas a partir dos quais emergem múltiplas alternativas para pensar a educação. Assim, a presente proposta é de reinterpretar a História da Educação Brasileira, sob a ótica da genealogia de Michel Foucault, entendendo que tal abordagem não tem como objetos totalidade e linearidade, mas as descontinuidades. Daí emerge a necessidade e possibilidade de sua realização, através de análises da literatura especializada sobre o tema, instrumentos legais e relatórios oficiais sobre a constituição da escola, relacionados com outras instâncias discursivas, tais como jornais e produção pedagógica dos períodos pertinentes. O objetivo é escavar os *bas-fonds* sobre a formação da escola a partir das disciplinas, utilizando a genealogia para a reflexão histórica das condições de possibilidade da emergência de discursos e das formas de exercício de poder no nível microfísico, multipontual e ascendente.

Na verdade, o que se pretende abordar não está unicamente relacionado a uma perversidade opressora/dominadora que deseja manter as "classes despossuídas" alijadas do saber, mas às formas discursivas que delatam tal perversidade, *pari passu* às promessas (cada vez menos plausíveis) de uma inversão desta realidade, inversão vinculada à instauração de um novo modo/síntese produtivo.

5 OBJETIVOS

5.1 OBJETIVO GERAL

Contribuir para a diversificação do acervo discursivo pedagógico através de uma nova leitura acerca do processo de constituição da escola brasileira, identificando os significados que os discursos de universalização/democratização encobriram, buscando entender, a partir de suas profundidades (não interior, mas exterior), uma tábua que leve a decifrar os tipos de suspeitas que elaboraram formas de interpretação, revisitando as técnicas interpretativas, para reativar algumas "feridas incômodas" da redundância destas técnicas, pois elas tanto interpretam como são instrumentos que podem ser utilizados perspectivamente, o que coloca um infinito jogo de refletidos em espelhos que mostram "...imagens cujas feridas inextinguíveis formam o nosso narcisismo de hoje" (FOUCAULT, F.N.M., 1987, p. 17).

5.2 OBJETIVOS ESPECÍFICOS

Traçar o perfil da educação brasileira atual, de acordo com a visão deleuziana de sociedade de controle e instituições em implosão;

Buscar, através da arqueologia foucaltiana, as práticas pré-discursivas e discursivas, periféricas e descontínuas que difundidas na rede microfísica permitiram as condições de possibilidade à consolidação do saber pedagógico e da escola brasileira;

Construir uma nova visão da educação brasileira contemporânea;

Externar sobre a possibilidade de promoção de resistências que devem existir no campo estratégico das relações de poder e podem desempenhar o papel de adversário, de alvo, de apoio, de saliência que permite a preensão, não no sentido de uma "grande recusa" (o que seria destituído de sentido), mas de marcar um outro termo das relações de poder; inscrevendo nestas uma interlocução necessária.

6 REVISÃO DE LITERATURA

Não obstante a História da Educação Brasileira ter como assente – a exemplo de Anísio Teixeira (1989), Fernando de Azevedo (1996), Aranha (1999), Ribeiro (1993) Romanelli (1991), Giraldelli (1997) etc. – a experiência jesuítica significando a própria educação do país no período colonial, outros agentes também evangelizaram e educaram tanto os brasis como as populações de outras origens que aqui se encontravam. Lima, em pesquisa realizada nos arquivos da Torre do Tombo, afirmou:

> Os relatórios emanados pelos missionários protestantes das várias capitanias do Norte dominadas pelos holandeses anunciavam continuamente resultados encorajantes. O gentio se mostrava entusiasta dos cantos, das prédicas. Dados os bons sucessos iniciais, o clero calvinista das missões foi aumentando e puderam melhorar a técnica do seu dou-

> trinamento, pois consta que solicitaram das autoridades da Holanda que se imprimissem cartilhas e livros religiosos em português e no idioma dos indígenas (LIMA, 1985: 24).

Entende-se que houve práticas educativas possíveis de resgate historiográfico, além de outras, talvez sem quaisquer registros, mas que a leitura das várias histórias permite inferir terem se processado, tais como dos próprios indígenas, de calvinistas, dos judeus, de eremitas e visionários, além de grupos não formais, outras ordens e congregações.

(Continuar tratando o tema sempre referenciando os autores.)

7 METODOLOGIA

Parte-se de uma visão genérica do presente e da educação que neste se pratica, identificando que enquanto a aceleração temporal e tecnológica traça o perfil da sociedade globalizada, a educação, não obstante manter-se como valor consensual, permanece como tal, apenas no âmbito da linguagem, sem a correspondência de medidas significativas à concretização dessa idealidade. Verifica-se, então, a existência de descompassos, de descontinuidades e incongruências entre as transformações da realidade e a manutenção de um modelo educacional anacrônico, mas cultuado, entre a incitação de expectativas sobre melhores devires que essa instituição proporcionaria e as ações que decretam sua falência. Essa dissensão foi tratada por Deleuze ao atualizar o pensamento de Foucault, indicando que um novo deslocamento se processa na "sociedade de controle". Esta, precedida pela disciplinarização e inclusão dos indivíduos nas "instituições austeras", tem, no presente, novas formas para tratar da questão das populações, explicitadas nas "instituições em implosão". Para entender como o arcabouço da "educação redentora" se sustenta em sua estagnação, pretende-se realizar uma pesquisa genealógica, inserida no eixo temático História da Educação. A genealogia é uma modalidade de história do presente, é a busca do sentido do agora. Não procura o *continuum* entre o ontem e o hoje, relatando-o na sucessão linear de eventos acontecidos para descrever o que já não é. Interessa-lhe expor o presente entendendo-o como produto das relações de saber e poder. Para perceber como e quando ocorreram tais deslocamentos, o genealogista recorre à arqueologia. Esta não utiliza as fontes primárias, dos dados consolidados pela historiografia convencional, pautada em periodizações amiúde categorizadas em consonância aos ciclos econômicos, aos modos de produção das riquezas. Elege como objeto de escavação as diversidades. Nessas, a cultura, o social, os saberes não centrais, as vivências obscuras são seus focos privilegiados, permitindo que do visível surjam visibilidades. Destarte, as fontes desta pesquisa serão os discursos parcelares e periféricos em suas exterioridades em relação à educação formal, enquanto possibilidades de, dizendo-se como o outro, delineá-la.

8 CRONOGRAMA

A pesquisa será desenvolvida de março a dezembro de 2005.

Período ATIVIDADES	MAR	ABR	MAI	JUN	JUL	AGO	SET	OUT	NOV	DEZ
DEFINIÇÃO DO TEMA	X									
REVISÃO INICIAL DE LITERATURA	X	X								
ELABORAÇÃO DO PROJETO	X	X	X							
REVISÃO DE LITERATURA	X	X	X	X	X	X	X	X	X	
DEFINIÇÃO DE CATEGORIAS PARA DEFINIÇÃO DE CAPÍTULOS						X	X			
ANÁLISE DOS DADOS								X	X	
REDAÇÃO FINAL									X	X

9 REFERÊNCIAS

Listar todos os livros e autores consultados, conforme orientações no item 2.3.2.4

A lista deve seguir ordem alfabética rigorosa e não deve estar numerada ou com marcadores – a exemplo de ✓, •, ✶, ☞, ⇨, ou mesmo travessão –.

APÊNDICE III

Transposição dos conteúdos do projeto para a introdução da monografia

PROJETO	INTRODUÇÃO MONOGRAFIA
	Os textos abaixo que estão **negritados e sublinhados** foram assim formatados apenas para enfatizar as frases que fazem a ligação dos conteúdos que estavam esquematizados no projeto. Naturalmente, na introdução da monografia formal, esta formatação de ênfase não é adotada.
1 TEMA Genealogia da escola brasileira, sob o paradigma teórico de Michel Foucault como história do presente, delineadora do perfil da escola contemporânea, complementado pela visão de Gilles Deleuze sobre Sociedade de Controle e Instituições em Implosão.	**Esta monografia é constituída por uma** Genealogia da escola brasileira, sob o paradigma teórico de Michel Foucault como história do presente, delineadora do perfil da escola contemporânea, complementado pela visão de Gilles Deleuze sobre Sociedade de Controle e Instituições em Implosão.
2 PROBLEMATIZAÇÃO A leitura da realidade escolar indica que a instituição do saber se encontra em crise: elevados índices de	**A pesquisa que resultou nesta sistematização foi motivada pela constatação de que** a instituição do saber se encontra em crise: elevados índices de reprovação, exclusão e insufi-

reprovação, exclusão e insuficiência de apreensão dos conteúdos convivem com a questão social que atinge tanto discentes quanto docentes. Planos de reformas e de melhoria da qualidade do ensino são impingidos a professores malremunerados e, em muitos casos, malpreparados.

Aos que cursaram o terceiro grau, desde a década de 1970, foi repassada a visão marxista da história da educação, resumida em um alarido discursivo em torno da questão da universalização e democratização do ensino, do acesso e permanência na escola; da busca incessante dos culpados pelo exercício de um poder que se instala para privilegiar alguns e prejudicar grandes contingentes; da insistência em delatar o que está subjacente às práticas pedagógicas conservadoras.

A exclusividade de opção epistemológica na formação do educador peca por um repasse parcial da análise da educação, gerando uma incapacidade de observação do fenômeno global.

3 JUSTIFICATIVA

A literatura sobre a História da Educação no Brasil, desde fins da década de 1970, tem sido norteada, quase que exclusivamente, pelo paradigma marxista. Tal arcabouço, apesar de se constituir em um avanço em relação à produção historiográfica anterior, significa apenas um dos prismas a partir dos quais emergem múltiplas alternativas para pensar a educação. Assim, a presente proposta é de rein-

ciência de apreensão dos conteúdos convivem com a questão social que atinge tanto discentes quanto docentes. Planos de reformas e de melhoria da qualidade do ensino são impingidos a professores malremunerados e, em muitos casos, malpreparados.

Aos que cursaram o terceiro grau, desde a década de 1970, foi repassada a visão marxista da história da educação, resumida em um alarido discursivo em torno da questão da universalização e democratização do ensino, do acesso e permanência na escola; da busca incessante dos culpados pelo exercício de um poder que se instala para privilegiar alguns e prejudicar grandes contingentes; da insistência em delatar o que está subjacente às práticas pedagógicas conservadoras.

A exclusividade de opção epistemológica na formação do educador peca por um repasse parcial da análise da educação, gerando uma incapacidade de observação do fenômeno global.

A relevância do estudo se pauta na asserção de que a literatura sobre a História da Educação no Brasil, desde fins da década de 1970, tem sido norteada, quase que exclusivamente, pelo paradigma marxista. Tal arcabouço, apesar de se constituir em um avanço em relação à produção historiográfica anterior, significa apenas um dos prismas a partir dos quais emergem múltiplas alternativas para pensar a educação. Assim, a presente proposta é de reinterpretar a História da Educação terpretar a História da Educação Brasileira, sob a ótica da genealogia de Michel Foucault, entendendo que tal abordagem não tem como objetos totalidade e linearidade, mas as descontinuidades. Daí emerge a necessidade e possibilidade de sua realização, através de análises da literatura especializada sobre o tema, instrumentos legais e relatórios oficiais sobre a constituição da escola, relacionados com outras instâncias discursivas, tais como jornais e produção pedagógica dos períodos pertinentes. O objetivo é de escavar os *bas-fonds* sobre a formação da escola a partir das disciplinas, utilizando a genealogia para a reflexão histórica das condições de possibilidade da emergência de discursos e das formas de exercício de poder no nível microfísico, multipontual e ascendente.

Na verdade, o que se pretende abordar não está unicamente relacionado, à uma perversidade opressora/dominadora que deseja manter as "classes despossuídas" alijadas do saber, mas às formas discursivas que delatam tal perversidade, *pari passu* às promessas (cada vez menos plausíveis) de uma inversão desta realidade, inversão vinculada à instauração de um novo modo/síntese produtivo.

4 OBJETIVOS

4.1 OBJETIVO GERAL

Contribuir para com a diversificação do acervo discursivo pedagógico através de uma nova leitura acerca do processo de constituição da escola brasileira, identificando os significados

Brasileira, sob a ótica da genealogia de Michel Foucault, entendendo que tal abordagem não tem como objetos totalidade e linearidade, mas as descontinuidades. Daí emerge a necessidade e possibilidade de sua realização, através de análises da literatura especializada sobre o tema, instrumentos legais e relatórios oficiais sobre a constituição da escola, relacionados com outras instâncias discursivas, tais como jornais e produção pedagógica dos períodos pertinentes. O objetivo é de escavar os *bas-fonds* sobre a formação da escola a partir das disciplinas, utilizando a genealogia para a reflexão histórica das condições de possibilidade da emergência de discursos e das formas de exercício de poder no nível microfísico, multipontual e ascendente.

Na verdade, o que se pretende abordar não está unicamente relacionado, à uma perversidade opressora/dominadora que deseja manter as "classes despossuídas" alijadas do saber, mas às formas discursivas que delatam tal perversidade, *pari passu* às promessas (cada vez menos plausíveis) de uma inversão desta realidade, inversão vinculada à instauração de um novo modo/síntese produtivo.

O objetivo primordial da monografia é de contribuir para com a diversificação do acervo discursivo pedagógico através de uma nova leitura acerca do processo de constituição da escola brasileira, identificando os significados que os discursos de universalização/democratização encobriram, que os discursos de universalização/ democratização encobriram, buscando entender, a partir de suas profundidades (não interior, mas exterior), uma tábua que leve a decifrar os tipos de suspeitas que elaboraram formas de interpretação, revisitando as técnicas interpretativas, para reativar algumas "feridas incômodas" da redundância destas técnicas, pois elas tanto interpretam como são instrumentos que podem ser utilizados perspectivamente, o que coloca um infinito jogo de refletidos em espelhos que mostram "... imagens cujas feridas inextinguíveis formam o nosso narcisismo de hoje." (FOUCAULT, 1987, p. 17);

4.2 OBJETIVOS ESPECÍFICOS

Traçar o perfil da educação brasileira atual, de acordo com a visão deleuziana de sociedade de controle e instituições em implosão;

Buscar, através da arqueologia foucaltiana, as práticas pré-discursivas e discursivas, periféricas e descontínuas que difundidas na rede microfísica permitiram as condições de possibilidade à consolidação do saber pedagógico e da escola brasileira;

Construir uma nova visão da educação brasileira contemporânea;

Externar sobre a possibilidade de promoção de resistências que devem existir no campo estratégico das relações de poder e podem desempenhar o papel de adversário, de alvo, de apoio, de saliência que permite a preensão, não no sentido de uma "grande recu-

buscando entender, a partir de suas profundidades (não interior, mas exterior), uma tábua que leve a decifrar os tipos de suspeitas que elaboraram formas de interpretação, revisitando as técnicas interpretativas, para reativar algumas "feridas incômodas" da redundância destas técnicas, pois elas tanto interpretam como são instrumentos que podem ser utilizados perspectivamente, o que coloca um infinito jogo de refletidos em espelhos que mostram "...imagens cujas feridas inextinguíveis formam o nosso narcisismo de hoje" (FOUCAULT, 1987, p. 17).

[Uma vez que os objetivos específicos definem a divisão dos capítulos, estes serão utilizados ao final da introdução.]

sa" (o que seria destituído de sentido), mas de marcar um outro termo das relações de poder; inscrevendo nestas uma interlocução necessária.

5 REVISÃO DE LITERATURA

(comporá os capítulos do trabalho)

6. METODOLOGIA

Parte-se de uma visão genérica do presente e da educação que neste se pratica, identificando que enquanto a aceleração temporal e tecnológica traça o perfil da sociedade globalizada, a educação, não obstante manter-se como valor consensual, permanece como tal, apenas no âmbito da linguagem, sem a correspondência de medidas significativas à concretização dessa idealidade.

Verifica-se, então, a existência de descompassos, de descontinuidades e incongruências entre as transformações da realidade e a manutenção de um modelo educacional anacrônico, mas cultuado, entre a incitação de expectativas sobre melhores devires que essa instituição proporcionaria e as ações que decretam sua falência. Essa dissensão foi tratada por Deleuze ao atualizar o pensamento de Foucault, indicando que um novo deslocamento se processa na "sociedade de controle". Esta, precedida pela disciplinarização e inclusão dos indivíduos nas "instituições austeras", tem, no presente, novas formas para tratar da

A metodologia utilizada reuniu as propostas de Michel Foucault e Gilles Deleuze. Assim, parte-se de uma visão genérica do presente e da educação que neste se pratica, identificando que enquanto a aceleração temporal e tecnológica traça o perfil da sociedade globalizada, a educação, não obstante manter-se como valor consensual, permanece como tal, apenas no âmbito da linguagem, sem a correspondência de medidas significativas à concretização dessa idealidade.

Verifica-se, então, a existência de descompassos, de descontinuidades e incongruências entre as transformações da realidade e a manutenção de um modelo educacional anacrônico, mas cultuado, entre a incitação de expectativas sobre melhores devires que essa instituição proporcionaria e as ações que decretam sua falência. Essa dissensão foi tratada por Deleuze ao atualizar o pensamento de Foucault, indicando que um novo deslocamento se processa na "sociedade de controle". Esta, precedida pela disciplinarização e inclusão dos indivíduos nas "instituições austeras", tem, no presente, novas formas para tratar da questão das populações, explicitadas nas "instituições em implosão". Para entender como o arcabouço da "educação redentora" se sustenta em sua estagnação, pretende-se, realizar uma pesquisa genealógica, inserida no eixo temático História da Educação. A genealogia é uma modalidade de história do presente, é a busca do sentido do agora. Não procura o *continuum* entre o ontem e o hoje, relatando-o na sucessão linear de eventos acontecidos para descrever o que já não é. Interessa-lhe expor o presente entendendo-o como produto das relações de saber e poder. Para perceber como e quando ocorreram tais deslocamentos, o genealogista recorre à arqueologia. Esta, não se utiliza das fontes primárias, dos dados consolidados pela historiografia convencional, pautada em periodizações amiúde categorizadas em consonância aos ciclos econômicos, aos modos de produção das riquezas. Elege como objeto de escavação, as diversidades. Nessas, a cultura, o social, os saberes não centrais, as vivências obscuras, são seus focos privilegiados, permitindo que do visível surjam visibilidades. Destarte, as fontes desta pesquisa serão os discursos parcelares e periféricos em suas exterioridades em relação à educação formal, enquanto possibilidades de, dizendo-se como o outro, delineá-la.

questão das populações, explicitadas nas "instituições em implosão". Para entender como o arcabouço da "educação redentora" se sustenta em sua estagnação, pretende-se, realizar uma pesquisa genealógica, inserida no eixo temático História da Educação. A genealogia é uma modalidade de história do presente, é a busca do sentido do agora. Não procura o *continuum* entre o ontem e o hoje, relatando-o na sucessão linear de eventos acontecidos para descrever o que já não é. Interessa-lhe expor o presente entendendo-o como produto das relações de saber e poder. Para perceber como e quando ocorreram tais deslocamentos, o genealogista recorre à arqueologia. Esta, não se utiliza das fontes primárias, dos dados consolidados pela historiografia convencional, pautada em periodizações amiúde categorizadas em consonância aos ciclos econômicos, aos modos de produção das riquezas. Elege como objeto de escavação, as diversidades. Nessas, a cultura, o social, os saberes não centrais, as vivências obscuras, são seus focos privilegiados, permitindo que do visível surjam visibilidades. Destarte, as fontes desta pesquisa serão os discursos parcelares e periféricos em suas exterioridades em relação à educação formal, enquanto possibilidades de, dizendo-se como o outro, delineá-la.

Assim sendo, o trabalho está organizado em três capítulos. No primeiro, traça-se o perfil da educação brasileira atual, de acordo com a visão deleuziana de sociedade de controle e instituições em implosão; em seguida, através da arqueologia foucaltiana, explicita-se sobre as práticas pré-discursivas e discursivas, periféricas e descontínuas que difundidas na rede microfísica permitiram as condições de possibilidade à consolidação do saber pedagógico e da escola brasileira. O terceiro capítulo traça o panorama da educação brasileira contemporânea; finalmente, externa-se sobre a possibilidade de promoção de resistências que devem existir no campo estratégico das relações de poder e podem desempenhar o papel de adversário, de alvo, de apoio, de saliência que permite a preensão, não no sentido de uma "grande recusa" (o que seria destituído de sentido), mas de marcar um outro termo das relações de poder; inscrevendo nestas uma interlocução necessária.

ANEXOS

ANEXO I

Metodologia de produção do conhecimento em rede

Alguns pressupostos da elaboração do conhecimento em rede

a) Horizontalidade

Em uma rede não há topo ou hierarquias. Todas as contribuições colocadas em debate valem por sua consistência e não por sua fonte ou autoria. Em princípio, todas as contribuições são postas em um mesmo patamar, sendo avaliadas e discriminadas pela sua qualidade de possibilitar maior inteligibilidade dos fenômenos investigados e maior capacidade de neles interferir transformando-os. Todos os participantes da rede que consideram ter alguma contribuição relevante ao trato do fenômeno em questão podem dizer sua palavra. É no processo dialógico e, portanto, coletiva e horizontalmente que o conhecimento se elabora em rede, em análises e sínteses, cujas provisoriedade e permanência dependem, em última instância, de sua consistência, isto é, de sua capacidade de possibilitar uma adequada compreensão e transformação da realidade que está sempre em constante devir.

b) Diferentes saberes se interconectam

Uma das riquezas da rede é a sua diversidade. A multiplicidade de olhares, sensibilidades, inteligibilidades e proposições permite compreender os fenômenos de muitas formas. As distintas áreas do conhecimento se complementam na compreensão da realidade processual e na sua transformação. A descoberta de mediações, que conectam saberes diferentes sobre um mesmo fenômeno, desvenda conexões de sua própria realidade complexa.

c) Todos/as podem contribuir

Justamente por isso, todas as pessoas podem contribuir quando buscam conjugar os seus saberes com os dos demais, estando abertas a flexionar sua compreensão, sensibilidade e intervenção sobre o mundo coletivo em que todos nós estamos enredados por múltiplos fluxos de informação, valores e elementos materiais, sem os quais não existiríamos como pessoas. Contribuímos quando aprendemos de maneira ativa e dialógica, problematizando as mediações apresentadas, desvendando conexões de saberes diversos, bem como quando compartilhamos os acúmulos provisórios que temos, contribuindo com sínteses e análises ao avanço da elaboração coletiva que deve sobrepassá-las. Neste sentido, como afirma Paulo Freire, é fundamental que não estejamos dogmática ou demasiadamente certos de nossas certezas, pois, se assim o for, não há disponibilidade para aprender e apreender com o outro que nos diz sua palavra. Neste sentido, é pressuposto fundamental acolher o outro em sua singularidade, no permanente processo de interação e problematização, requeridos à elaboração do conhecimento, que busca considerar e envolver integralmente a complexidade humana. Assim, dialógico significa não apenas uma abertura em que razões, sentidos e afetos diversos são mediados pela linguagem falada, pela conversação em que a relação fala e silêncio, dizer e escutar, supõe diferenças a acolher e preservar. Trata-se igualmente da dialética em que o aprender e apreender, problematizar e construir em conjunto prezam pelas diversas formas de expressão culturais não verbais, que escapam à digitalização binária peculiar às redes eletrônicas, e que expressam sentidos próprios às diversas pessoas, sociedades e culturas. Assim, tanto o face a face do encontro imediato e interpessoal (com as mais variadas formas de interação comunicativa) quanto o face a face mediado pelas interfaces digitais, articulam-se na mesma dialética que conecta o local e o global, o afeto e a razão, a singularidade e a coletividade.

d) Refletir desde a prática para a ela retornar transformadoramente

O critério de maior ou menor aproximação da realidade e da capacidade de transformá-la como parâmetro avaliativo da elaboração conceitual nos leva a partir das práxis e a elas retornar. Os temas a serem investigados são aqueles prioritários às lutas de libertação ou que mediatamente as fortaleçam. Se não há transformação social sem conhecimento sobre ela, por outra parte há conhecimentos que nos afastam de uma compreensão conceitual dos fenômenos. O critério de validação do conhecimento não é o mero acordo simbólico entre os participantes de uma rede, não é o consenso de que seja válido, mas sua capacidade de nos permitir transformar a realidade com maior consistência. A importância do dissenso argumentado reside em que apresente elementos da realidade que não estão considerados nos consensos provisórios, provocando a transformação do conhecimento, tornando-o mais potente como elemento de transformação da realidade. Nesta perspectiva, a metodologia de elaboração coletiva do conhecimento, integrada dialogicamente à práxis de libertação popular, exige processos democráticos de participação, decisão e validação dos resultados obtidos, uma vez que, democraticamente, cabe às classes populares exercer efetivamente o poder na definição dos rumos históricos de sua própria libertação. E, portanto, ética e politicamente, cabe às classes populares decidir sobre as mediações teóricas que lhe sejam requeridas, em um processo contínuo de intercâmbio de saberes e culturas, de elaboração coletiva do conhecimento, de maneira horizontal e participativa. Desse modo, a elaboração do conhecimento em rede, partindo das variadas práxis de libertação e a elas retornando, conecta-se a processos de mobilização, organização e educação popular, em que todas as pessoas envolvidas são sujeitos da elaboração do conhecimento e protagonistas de uma mesma história coletiva, local e global.

e) Problematizar sob múltiplos enfoques

Problematizar os fenômenos e os conhecimentos sobre eles a partir de múltiplos enfoques é uma das grandes virtudes da reflexão em rede. Da qualidade da problematização resulta a maior ou menor capacidade transformadora que o conhecimento incorpora à práxis de libertação. Mais do que reafirmar as mesmas teses de formas diferentes, o mais importante é modificá-las pelo aprendizado coletivo a partir da problematização da realidade e dos limites de nossa compreensão sobre ela.

f) Dialogar e acolher os paradoxos paradigmáticos

Assim, dialogar é não apenas comunicar o que pensamos, mas receber influxos de problematização elaborados por outros que nos permitem mais facilmente reorganizar nossas análises e repensar o mundo e a nós mesmos. Todavia, o processo dialógico pode nos levar a paradoxos de reconhecer a consistência de teses que não se coadunam, mas que respondem aos critérios de possibilitar uma compreensão com satisfatória consistência sobre um mesmo fenômeno. A emergência de tais paradoxos é um dos momentos mais relevantes da elaboração do conhecimento, pois nos leva a problematizar tanto os paradigmas desde os quais as elaborações paradoxais se formulam quanto a própria vigência de tais elaborações. Do esforço coletivo na sua compreensão pode resultar a emergência de um novo paradigma, capaz de integrar complexamente o que antes permanecia desintegrado pela carência de mediações teóricas.

g) O papel da teoria não é explicar, mas compreender e contribuir para transformar

O mais importante da teoria não é explicar o fenômeno à luz de um fundamento unitário, mas ser capaz de compreendê-lo em sua consistência sob os múltiplos aspectos que o constituem, possibilitando uma interferência parcialmente segura sobre ele. Daí a importância dos processos dialógicos e problematizadores, que integram múltiplos saberes sob múltiplos enfoques, desvendando mediações que os articulam, a partir da realidade do fenômeno desde o qual se constituem e da capacidade de interferência sobre ele que possibilitam. Desta forma, na relação teoria-prática, não é possível privilegiar uma em detrimento da outra, sob o risco de resultar em um basismo-praticista ou em elitismo-teoricista. As elaborações teóricas, em uma perspectiva libertadora, assumem-se como esforço de reflexão em favor das lutas populares, a partir das quais a produção do conhecimento se faz com o povo (com as pessoas pensando por si mesmas, com autonomia) e não para o povo.

h) O conhecimento é provisório

Como toda diversidade integrada à rede traz consigo novas perguntas e afirmações, ela tem o potencial de germinar novas singularidades, fazendo retroagir o novo conhecimento e o conhecimento já estabilizado na cultura do grupo ou organização. A transformação de elementos dessa cultura, que se recria dialogicamente, é o que dinamiza sua capacidade de conservar-se e renovar-se, de interpretar o mundo de maneira criativa, percebendo novas dimensões anteriormente despercebidas. Na base do reconhecimento da provisoriedade do conhecimento acumulado está a liberdade de pensar. Na base do reconhecimento da provisoriedade da organização do mundo sob as diversas culturas está a liberdade de viver, de recriar-se a si pela transformação do conjunto de relações (econômicas, políticas, informativas e educativas) em que vivemos, acolhendo a diversidade que desencadeia em nós uma transformação para melhor, conservando-se e renovando-se, sob a perspectiva ética de promover a máxima libertação possível de nós mesmos e de todas as pessoas e sociedades. Assim, reconhecer a provisoriedade do conhecimento implica reconhecer os limites de nosso modo de compreender e interferir nas realidades e nas práticas em que estamos imersos, ao mesmo tempo que significa assumir uma postura de abertura ao aprendizado de novos saberes que, mesmo paradoxalmente, podem fecundar nossa vida e nossa capacidade de transformar coletivamente a realidade.

i) A produção do conhecimento não possui um centro

A elaboração do conhecimento em rede não possui *um único centro*, seja do ponto de vista de algum estatuto epistemológico ou área cognitiva de onde se origine, seja do ponto de vista de qualquer poder coercitivo pessoal ou institucional. Assim, como não há um estatuto a partir do qual se dite e ordene o saber, inúmeros centros, desencadeando elaborações e ações, podem estar em qualquer lugar ou em qualquer parte, simultaneamente. Quanto mais descentralizadas e distribuídas as iniciativas, mais complexas elas se tornam, exigindo uma coordenação dinâmica dos fluxos de informação e decisão, para que as análises e sínteses, recursões e realimentações possam levar à emergência de novas elaborações teóricas e singularidades transformadoras e não recaiam na fragmentação e dispersão, posto que a desconexão e ausência de fluxos leva à desagregação da rede. A constituição do *significado* de qualquer nodo (célula) da rede se faz a partir de múltiplas relações inter e intradisciplinares (no sentido estrito de áreas do conhecimento), bem como inter e intraculturais, em sentido mais amplo. Tal constituição é tecida a partir das contradições da própria realidade, que, em análises e sínteses, consigamos compreender. [...]

Colaboraram na elaboração em rede deste texto:

Anita Helena Schlesener – anita.helena@libero.it

Domênico Costela – domenicox@terra.com.br

Euclides Mance – mance@milenio.com.br

Geraldo Balduino Horn – gbhorn@terra.com.br

Giselle Moura Schnorr – giselleschnorr@yahoo.com.br

Maria Aparecida Zanetti – mzanetti@pr.gov.br

ANEXO II

Diversidade de organizações religiosas e homogeneidade de práticas educativas no Brasil Colonial[30]

Carmen Lúcia Fornari Diez – UFPR

Esta pesquisa foi desenvolvida a partir da suspeita sobre a história oficial e se dirige à escavação dos *bas-fonds* das práticas educativas do período colonial.

Não obstante a História da Educação Brasileira ter como assente[31] a experiência jesuítica significando a própria educação do país no período colonial, outros agentes também evangelizaram e educaram tanto os brasis como as populações de outras origens que aqui se encontravam. Lima (1985), em pesquisa realizada nos arquivos da Torre do Tombo, afirmou:

> Os relatórios emanados pelos missionários protestantes das várias capitanias do Norte dominadas pelos holandeses anunciavam continuamente resultados encorajantes. O gentio se mostrava entusiasta dos cantos, das prédicas. Dados os bons sucessos iniciais, o clero calvinista das missões foi aumentando e puderam melhorar a técnica do seu doutrinamento, pois consta que solicitaram das autoridades da Holanda que se imprimissem cartilhas e livros religiosos em português e no idioma dos indígenas (p. 7).

---

30. Trabalho aceito no V Congresso Luso-Brasileiro de História da Educação, realizado em Évora – Portugal – de 5 a 8 de abril de 2004.

31. Cf. TEIXEIRA (1989), AZEVEDO (1996), ARANHA (1989), RIBEIRO (1993), ROMANELLI (1991), GHIRALDELLI (1990) etc.

Entende-se que houve práticas educativas mais acessíveis de resgate historiográfico, além de outras, talvez sem quaisquer registros, mas que a leitura das várias histórias permite inferir terem se processado, tais como dos próprios indígenas, de calvinistas, dos judeus, de eremitas e visionários, instituições femininas além de grupos não formais, outras ordens e congregações.

Dentre esses últimos, os escritos da história da Igreja mostram que carmelitas, beneditinos, mercedários, oratorianos, capuchos – franceses e italianos – e franciscanos, como os inacianos, seguiram os chamados da fé católica e se embrenharam no extenso território de Santa Cruz. E os relatos sobre essas outras práticas educativas – ou civilizatórias –, compõem outras histórias e não são enfocadas na produção acadêmica tradicional. A este fechar de olhos à diversidade para fitar o fenômeno inaciano como exclusivo é que neste estudo se denomina "jesuitismo".

Os filhos do Poverello de Assis compõem a mais conhecida e popular das organizações eclesiais que se fizeram presentes desde 1500, mas tiveram a sua fase de estabelecimento em conventos apenas a partir de 1585.

Na visão de Todorov, a grande aceitação dos franciscanos, por parte dos índios – no caso do México –, foi motivada por um "embaralhamento da identidade" nativa, com identificações parciais entre as próprias características e a imagem dos frades: são especialmente as identificações dos nativos com os monges franciscanos que, sem nunca renunciar a seu ideal ou a seu objetivo evangelizador, adotam facilmente o modo de vida dos índios; na verdade, uma coisa ajuda a outra, o movimento inicial de identificação auxilia a assimilação em profundidade. Conforme depoimentos dos nativos, na transcrição de Todorov: "É porque andam vestidos pobremente, e descalços como nós; comem o que comemos, instalam-se conosco e falam mansamente" (TODOROV, 1993).

Hoornaert cita a descrição que Frei Manuel da Ilha realizou dos apóstolos de Francisco: "Vivem de esmolas diárias (Pernambuco). As esmolas da semana (Bahia). Esmolas cotidianas (Igaraçu)" (1992: 54-55) e conclui que, por isso, a dinâmica missionária franciscana foi menos forte que a jesuítica, ou seja, os primeiros entendiam missão como expansão religiosa, enquanto os jesuítas "tiveram uma verdadeira abertura ao 'outro', uma verdadeira procura do indígena e da defesa de sua 'liberdade'".

É interessante perceber como o mesmo discurso de identificação com o gentio é aplicado por Todorov aos franciscanos missionários do México, por

Hoornaert aos jesuítas das missões brasileiras, bem como ao sonho acalentado por Las Casas (1464-1566) para os dominicanos e outros religiosos na América Espanhola.

Beneditinos, agostinianos, mercedários, capuchos franceses e carmelitas, e clero secular são alinhados, por Hoornaert, aos franciscanos, ou seja, missionários cujos projetos se adequavam aos interesses dos dominantes, em oposição aos jesuítas. Apenas estes últimos teriam sido movidos por um compromisso verdadeiro com "o outro". Tal avaliação, em produção historiográfica reconhecidamente importante, evidencia que não apenas a História da Educação é perpassada por este espírito de "jesuitismo", mas a própria História da Igreja. Daí a importância de se exibir algumas dessas outras trajetórias.

A ordem mendicante dos "frades brancos" carmelitas[32] chegou no Brasil em 1580; estabelecendo-se em Olinda em 1584; na Bahia, em 1586; Santos, 1589; Rio de Janeiro, 1590; Angra dos Reis, 1593; São Paulo, 1597; Sergipe, 1600; Mogi, 1603; Paraíba do Norte, 1608; Maranhão, 1616; Pará, 1625; Recife, 1631; Goiana, 1636; Alcântara, 1647 (PIRES, 1937[33]). Assim que se instalou tratou de planejar a preparação de novos religiosos para multiplicar a ação missionária.

> Em 1596, havendo já nesse convento um número grande de noviços e professos abriu-se um curso de teologia, precedido de humanidades. Cultivava-se a língua indígena para melhor preparação de missionários. Enquanto aí se formavam os jovens carmelitas, novos contingentes de religiosos continuavam a vir da metrópole (AZZI, 1992: 214).

Pires identifica o início do sentimento nativista entre estes religiosos, na carta escrita em 1635 por Frei Sebastião dos Anjos, procurador do Carmo no Brasil:

> ...há vários religiosos do Brasil que são competentes, que já foram vigários, provinciais, visitadores. No ano de 1634 onze estudantes de teologia foram admitidos às sagradas ordens. No Rio de Janeiro há doze estudantes de filosofia. Há apenas dois religiosos que pertencem à província portuguesa, da qual depende a vice-província. Por essa razão Frei Sebastião conclui que seria bom que os onze conventos da Ordem

32. Fundada no século XII por eremitas do Monte Carmelo. No século XIII seus regulamentos foram harmonizados aos dos dominicanos e o desígnio inicial, de meditação em estado de afastamento da convivência humana, foi ajustado ao de pregar a palavra aos pagãos do mundo (LOYN, 1997).

33. O número de carmelitas em 1606 era o seguinte: Olinda, 30 religiosos; Bahia, 30; Rio de Janeiro, 14; Santos, 10; São Paulo, 8; Paraíba, 7. Ao todo, 99 religiosos, em 26 anos no Brasil. Ao término do Seiscentos, na Sé em Salvador, "...noventa religiosos do Monte Carmo viviam na casa principal" (PIRES, 1937: 17).

se constituíssem em província autônoma, cujo provincial fosse eleito pelas comunidades.

A avaliação do autor se apoia no discurso europeu da má qualidade dos brasis e da influência perniciosa que exerciam sobre os colonos. Neste sentido, Frei Sebastião contrariava o consenso colonizador sob o argumento de um potencial latente a ser desenvolvido mediante a organização de estrutura provincial. Em atendimento à citada demanda, em 1640 foi oficializada, por parte da organização religiosa, a Província-Brasileira de Santo Elias. Todavia o governo português revogou a decisão, resultando na divisão do Brasil em duas vice-províncias: a do Estado do Brasil, com 9 conventos, e a do Estado do Maranhão, com três casas religiosas (AZZI, 1992: 218).

Hoornaert (1992a) demonstrou sua objeção a estes frades, contando que, após a eliminação dos indígenas da faixa litorânea, os carmelitas tiveram atuação no Maranhão, onde também foram pioneiros, "...tendo sido considerados excelentes defensores das fronteiras do império português no interior do vale amazônico" (p. 56). O pesquisador opina ter se perdido o elã missionário desses religiosos, de forma que "...ficaram dando 'assistência' aos moradores e aperfeiçoando seus conventos".

Apesar dos parcos registros históricos sobre a atuação missionária carmelita, pode-se depreender, independente da mesma haver bajulado – ou não – a realeza, que inegavelmente estes religiosos desenvolveram um trabalho educativo ao instituir os cursos de humanidades e teologia.

A Ordem Beneditina[34], de acordo com Pires (1937), instalou-se em 1582, enquanto Hoornaert (1992b) e Azzi (1992) registram que isto se deu em 1581, na Bahia. Seus frades, três anos após, ali fundaram uma abadia; em 1586 se instalaram no Rio de Janeiro; em 1592 em Olinda; em 1596 na Paraíba; e em 1598 em São Paulo. Desde 1596 sua província já estava estruturada, com sede em Salvador. "A evolução no sul foi bastante rápida: São Vicente (1643), Santos, Sorocaba (1660), Jundiaí (1668)" (HOORNAERT, 1992a: 57).

34. Criada por Bento de Núrcia (c. 480-c. 550), jovem enviado a estudar em Roma. Resolveu debochar do modo de vida urbano, recolhendo-se em vida ascética, por três anos, em uma caverna. Acabou atraindo discípulos e organizou-os em comunidade em um mosteiro que construiu em Monte Cassino. Seguindo o exemplo de seu fundador e "patriarca dos monges ocidentais" (LOYN, 1997: 45), os beneditinos vivem em comunidades afastadas das cidades, sob voto de obediência ao superior. Dedicam-se à criação de animais, plantio, trabalhos manuais, orações e penitências. O mosteiro tem por finalidade ser "...uma escola do serviço ao Senhor" (*idem*: 46), ou seja, instituição que ensina aos que nela ingressam como servir a Deus.

Durante as invasões holandesas o trabalho desses monges foi intensamente obstaculizado. Seus conventos foram danificados ou destruídos, mas em uma década a Ordem já possuía 13 conventos (AZZI, 1992). Preocupados com a formação de sacerdotes, ainda na primeira metade do século XVII os beneditinos organizaram os estudos superiores da província, inicialmente na Bahia, com filosofia, teologia e ciências. Pouco depois os mesmos estudos foram estendidos para a abadia do Rio de Janeiro (HOORNAERT, 1992a).

Hoornaert infere que a ordem beneditina no Brasil foi pouco missionária, pois dedicava-se primordialmente à vida contemplativa, uma cultura monástica não harmonizadora de missão e contemplação. Além disso, como já vivenciado em outras épocas da trajetória eclesial, a ordem era opulenta, possuía ostentosos edifícios urbanos e numerosas fazendas mantidas por escravos. Os números mostram esse estilo dos filhos de São Bento: em 1871 nada menos que 4.000 escravos da Ordem foram emancipados. O pesquisador concluiu que a organização monástica beneditina vivia alijando-se da problemática brasileira. Era constituída por europeus que transpuseram para o Brasil o *modus vivendi* lusitano. Para Hoornaert (1992a) isso ocasionou à Ordem Beneditina uma vida vegetativa, dependente do trabalho escravo, instituição estranha às questões que marcavam o povo, organizou para sua comunidade um mundo alheio ao plano missionário. De qualquer modo, alienada da realidade ou não, os beneditinos participaram da tarefa evangelizadora, civilizatória e educativa, pois formaram sacerdotes por dois séculos, obra interrompida no período pombalino.

Os padres espanhóis, mercedários, devotos de Nossa Senhora das Mercês, chegaram ao Brasil no século XVII.

> Uma das expedições mais significativas para a conquista da região Amazônica foi a de Pedro Teixeira em outubro de 1637. Ele chegou até Quito, no Equador, onde pôde apreciar a atuação dos padres das Mercês naquela região. A seu convite, os mercedários vieram para o norte do Brasil. Três religiosos das Mercês acompanharam a expedição de regresso para a Amazônia (AZZI, 1992: 217).

Em 1640 os padres das Mercês fundaram um convento no Pará, em seguida em Cametá – São Luís do Maranhão – e em 1699 começaram o trabalho missionário no Rio Amazonas. Os padres das Mercês destacaram-se tanto pela educação da juventude (AZZI, 1992), nos seus conventos, como pela atividade missionária. Por outro lado, progressivamente aumentaram seus patrimônios na região amazônica, tornando-se proprietários de grandes fazendas de criação de gado. Em 1723 a coroa os expulsou da colônia, acusando-os de "maus religiosos e de se estarem a servir dos índios como escravos para suas gramgeirias e commercios" (HOORNAERT, 1992a: 60).

Os oratorianos[35] foram trazidos por Bartolomeu de Quental, preocupado com o risco das almas no Brasil na área disputada pela Holanda, em meio ao barbarismo indígena, à pedagogia calvinista e à convivência com os judeus (LIMA, 1985). Escolheu dois de seus colaboradores, Duarte do Sacramento e Rodriguez Victória, para o apostolado no Brasil, de forma a minorar as calamidades que

> ...desabavam sobre a cristandade católica de Pernambuco [onde] os invasores "por profissão herejes e por costumes piratas" assaltavam as casas dos civis. Depredavam-nos. E o assassínio de muitos inocentes não raro acompanhava esta "insaciável hidropesia holandeza". O estupro estava na ordem do dia. Um proselitismo arrojado disseminava a doutrina herética através dos livros impressos em língua espanhola. A juventude era obrigada a frequentar as escolas sectárias. [...] Os templos, ou demolidos ou profanados. Os altares violados, as imagens incineradas e as alfaias sacrilegamente revertidas para o uso da vaidade profana (p. 8).

Ordenados, Duarte e Rodriguez fundaram em Olinda a Congregação dos Padres do Oratório, como primeiro instituto religioso fundado no Brasil, em meados do século XVII (AZZI, 1992). Em 1660 estabeleceram-se em Pernambuco e entraram nos sertões do Rio São Francisco. Em 1669 já possuía cinco sacerdotes e sete estudantes. Estes realizaram os estudos em um curso aberto especialmente para eles, pelos jesuítas de Olinda (LIMA, 1985). Em seguida assumiram quatro aldeias, que antes do período holandês haviam sido confiadas a jesuítas ou franciscanos (AZZI, 1992). Lima avaliou que, "muito embora a educação que ministravam aos índios incluísse naturalmente o ensino das letras, era em escala primitiva como o adminículo para o doutrinamento catequético" (p. 134).

Em fins do século XVII, jesuítas e franciscanos reassumiram os aldeamentos e os oratorianos partiram para fundar novas aldeias entre os "índios de língua geral". Hoornaert (1992a) afirma que esta "manipulação" dos índios por diversas congregações era comum no primeiro período colonial, pois a administração subsidiada das aldeias estava sujeita às determinações da coroa.

---

35. Congregação fundada por Felipe Neri em 1565 e sob o carisma da instrução e, sobretudo, de diretores de consciência (PIERONI, 2000). No século XVII, em Portugal, o padre Bartolomeu de Quental criou congregação para o culto a Nossa Senhora da Saudade – Oratório de Lisboa.

Depois de formados os primeiros oratorianos, passaram a sede da Congregação para Recife e abriram seus próprios cursos superiores no Colégio Madre de Deus, instruindo também religiosos de outras ordens. Essa interação intercongregacional atendia ao intuito da qualidade do ensino: "Tinham eles a preocupação de oferecer aos estudantes muito bons mestres, mesmo que para isso houvessem que recorrer a outras ordens" (LIMA, 1985: 134). Nesses cursos "os notáveis" eram convidados a lecionar: tanto jesuítas, carmelitas e franciscanos, como o próprio clero secular. Essa alternativa de buscar professores de outras congregações, de modo a viabilizar seus próprios cursos superiores, mostra uma disposição de acolhimento da diversidade. Possivelmente essa tenha sido a mola propulsora de um pródigo espírito acadêmico que se disseminou nas outras instituições locais. Pesquisando nos arquivos portugueses, Lima (1985) analisou documentos diversos e os relatórios oratorianos, inferindo sobre a difusão do trabalho para âmbitos mais amplos, face aos bons resultados relativos ao nível de formação: "A notoriedade desse ensino superior foi reconhecida na Provisão de 15 de Março de 1755 que autorizava o ingresso de seus alunos na Universidade de Coimbra, sem prestação dos exames de admissão" (p. 135).

A experiência oratoriana, ao reunir intelectuais de várias origens, motivou que se desembaraçassem do isolamento erudito e tivessem interlocutores. Isso propiciou um clima intelectual pródigo em Recife:

> "Defendiam-se conclusões públicas no Madre de Deus e no convento de São Francisco, e algumas das quais tivemos o prazer de assistir (éramos bem moço) como espectador. A elas concorriam as principais autoridades, os sábios professores do seminário e outros, muitos da importante classe média, e não poucos dos pequenos curiosos chamados vulgo". As conclusões exibidas nestes atos públicos [...] eram escritas em latim, cuja língua era então esmerada e cultivada (p. 135).

Em Portugal, os padres do Oratório, desde o século XVII se opunham à Escolástica e no século XVIII, "...bafejados pela publicidade iluminística do tempo, foram celebrados como a antítese dos jesuítas..." (p. 134). Em Lisboa exerciam intensa atividade editorial, com gráfica própria, repassando seus impressos à congregação do Brasil. Essa prática foi ampliada com o embargo sobre os jesuítas e seus impressos, quando as gramáticas de latim e português, livros didáticos, científicos, religiosos e outros passaram a ser escritos e impressos na congregação lisboeta, repassados ao Colégio Madre de Deus e a outros colégios do Brasil.

A biblioteca do Madre de Deus era reconhecidamente "...a maior e a melhor de Pernambuco" (LIMA, 1985: 138). Um levantamento judiciário registrou que o acervo dos oratorianos "...contava de quatro a cinco mil volumes" (LIMA, 1985: 138). Esse patrimônio foi dispersado quando dividido, inicialmente em 1831, sendo incorporado à Biblioteca do Curso Jurídico de Olinda, dos jesuítas; um grande número de livros foi comprado pelos inacianos, "por insignificante quantia" e levados à Europa em 1874 quando foram expulsos da Província; outros, levados para o colégio de Itu por um jesuíta brasileiro que permaneceu no país. No ano de 1831 a coroa extinguiu a congregação lusitana. A brasileira resistiu até meados do século. E foi neste tempo, no contexto dessa capital considerada progressista academicamente que teve origem o Movimento da Escola do Recife.

Alceu Amoroso Lima, ao prefaciar Palazzolo (1945), argumenta sobre a importância de resgatar a história das outras ordens religiosas, pois considera, como Capistrano de Abreu, que enquanto sobre a Companhia de Jesus tudo já foi escrito, "sua história está pronta e acabada", imensas lacunas são mantidas em relação aos não inacianos, faltas que demandam preenchimento. O livro de Jacinto Palazzolo tenta reduzir este baldio, pois registra eventos missionários dos vales do Mucuri e do Rio Doce, destacando as ações franciscanas. Desta Ordem, os capuchos chegaram ao Brasil em 1612, espalhando-se em missões, paróquias, hospícios e colégios.

Pachêco (1968) destaca que os primeiros frades capuchinhos eram os franceses, cujo apostolado se fez na colônia francesa do Maranhão de 1612 a 1614. Após o contato inicial, dois frades deles viajaram para a França levando seis tupinambás que maravilharam a nobreza francesa. Três deles faleceram em Paris e os outros três lá permaneceram por 18 meses. Esses frades se dedicavam principalmente à catequese dos índios. Em Olinda começaram a desenvolver suas atividades missionárias e em 1653 se estabeleceram também no Rio de Janeiro. Após 1670, expandiram sua obra pelo Nordeste, especialmente no Rio Grande do Norte, Ceará, Paraíba, Pernambuco, Alagoas e Bahia. Estes capuchos foram expulsos do Brasil, por volta de 1700, pelo rompimento das relações diplomáticas entre Portugal e França.

Todavia, em 1705 chegaram à Bahia os capuchinhos italianos, que retomaram o trabalho de seus confrades atuando intensamente na primeira metade dos Setecentos. Herdaram o hospício da Bahia e as aldeias do Rio São Francisco.

“Assim formaram-se no Brasil três prefeituras apostólicas dos capuchinhos: uma em 1712 na Bahia, outra em 1723 em Pernambuco e a terceira em 1737 no Rio de Janeiro (PIRES, 1937).

Os capuchos administravam as suas obras de forma que o trabalho realizado nos hospícios e as esmolas que recebiam nas cidades davam o suporte para os aldeamentos (PIRES, 1937). O hospício da Bahia, por exemplo, financiava dez aldeias, enquanto o de Pernambuco sustentava sete (HOORNAERT, 1992a). No entendimento deste último autor, nem mesmo os jesuítas conseguiram harmonizar tão bem o sistema de suporte e apoio (hospício) com o de entrada nos sertões (aldeias, missões). Não foram encontrados relatos específicos sobre a atuação desses capuchinhos no âmbito da educação formal. Todavia, é possível que no interior dos hospícios ela tenha se desenvolvido, como era de praxe neste tipo de instituição desde a Idade Média. Röwer (1957), ao escrever a história dos franciscanos, deu indicações da existência de ensino das primeiras letras nos hospícios administrados pelos frades menores.

Nove grupos de franciscanos portugueses estiveram no Brasil entre 1500 a 1584, mas a presença seráfica neste período ainda não estava inserida em um projeto mais amplo, refletido e planejado. Os monges vinham da mesma forma que peregrinavam pelo mundo, sem qualquer acordo ou vínculo interinstitucional. Apenas, como faziam desde Francisco de Assis, auxiliavam aos necessitados, oravam, caminhavam e viviam de esmolas. Desta forma, foram os pioneiros e únicos missionários e catequizadores nos primeiros 50 anos do Brasil.

Pauli (1997) e Nóbrega (2000) registraram sobre a evangelização dos carijós, em Santa Catarina, desde 1538, por seráficos de nacionalidade espanhola. Pauli conta que Álvaro Nuñes Cabeza de Vaca foi nomeado primeiro governador do Plata, com sede em Asunción do Paraguai, incluindo a região da Ilha de Santa Catarina, de que tomou posse em 1541. Nesta ocasião, em viagem litorânea, encontrou os Freis Bernardo e Alfonso, já em seu terceiro ano de atividades. Neste encontro Cabeza de Vaca coagiu os frades a que o acompanhassem ao Paraguai. Em Asunción, construíram um convento para reunir as jovens indígenas e lhes dar instrução, salvaguardando-as da voluptuosidade dos brancos, até a realização de casamento religioso. Mesmo na ausência de maiores detalhes sobre as atividades planejadas para as jovens, a instrução foi mencionada, indicando que a proposta não se limitava à preservação da virgindade, mas à transmissão de algum conhecimento.

Cabeza de Vaca desejava permitir que os frades retornassem a Santa Catarina no final do ano de 1544, com cerca de 40 a 50 moças. A estratégia foi posteriormente assimilada pelos padres de Santo Inácio, com órfãos, num primeiro momento, e com moças e mulheres, em seguida. A utilização do modelo foi tão intensa que não raro é o entendimento de que foi produção jesuítica. Além disso, esta missão foi instituída dois anos antes da Bula *Regimini Militantes Ecclesia* que aprovou a Companhia de Jesus e anterior onze anos à chegada dos inacianos no país. A concepção de aldeamento parece ser a mesma que os inacianos difundiriam nos anos seguintes. De acordo com Serafim Leite, a essa aldeia os carijós "chamaram Província de Jesus, onde fizeram admirável fruto" (*In*: PAULI, 1997: 63).

A partir de 1584, a ordem se instalou efetivamente em terras brasileiras, expandiu-se e em 1647 se tornou independente da Província-mãe de Portugal. Em 1657 foi elevada à categoria de Província e em 1659, apenas com 75 anos de existência, possuía "...20 conventos, construídos com o auxílio dos colonos, que também lhes doavam os terrenos" (FRANCISCANOS, 2000). De 1585 a 1659 instalaram-se em Olinda, Salvador, Igaraçu, Paraíba, Vitória, Rio de Janeiro, Recife, Ipojuca, Sergipe, Sirinhaém, Santos, São Paulo, Casserebu (Macacu), Paraguaçu, Vila Velha, Ilha Grande, Cairu, Itanhaém, Sergipe del Rei e Ilha de São Sebastião.

Os escritos de Frei Basílio Röwer (1957) mostram como a estruturação das casas franciscanas se fazia, quase sempre, segundo sequências similares, após acordo com a comunidade, pois esta assumia compromissos em relação à construção; terminada uma etapa inicial da construção, os frades fixavam residência e, sempre que possível, abriam os noviciados, pois "...o noviciado é para as ordens religiosas o que é a família para a sociedade. Nele cultivam-se as vocações, recebendo o candidato a formação conveniente para, de acordo com o espírito e finalidade da Ordem, carregar o 'jugo do Senhor'" (p. 35).

Com a ampliação da messe, os conventos situados mais ao Sul (ES, RJ e SP) foram desmembrados da Província Santo Antônio, em 1659, para formar a Custódia da Imaculada Conceição, com sede no Rio de Janeiro. Após o desmembramento, foram fundados conventos em Taubaté – SP (1674), Cabo Frio – RJ (1684), Itu – SP (1691) e Ilha do Bom Jesus (1705) (FRANCISCANOS, 2000).

> A vivência da pobreza, unida à simplicidade no modo de ser, herança do próprio fundador, São Francisco, sempre encantaram os colonos

> e os indígenas. Além disso, os frades da Custódia da Imaculada Conceição se dedicavam com grande vigor e rigor aos estudos, uma vez que a Província de Santo Antônio lhe pedia pregadores, confessores e mestres de Filosofia e Teologia (RÖWER, 1951: 15).

A nova província prosperou e se consolidou. Fundaram-se novas casas, floresceram os estudos. De 1740 até os fins do século XVIII, a província chegou a ter 500 frades e o Convento Santo Antônio do Rio de Janeiro foi elevado à categoria de universidade em 1776.

Os registros de Röwer foram realizados por cada casa franciscana e não atendem a sequências ou denominadores comuns. Dessa obra é possível inferir que pelo menos 9 conventos abrigaram noviciados, 7 mantiveram cursos superiores de filosofia e teologia e 5 promoveram cursos de gramática. O ensino de primeiras letras foi realizado em 6 casas seráficas e o ensino primário, em duas. Além disso, a congregação sempre manteve, desde a Europa, a tradição de pesquisa em ciências naturais. No Brasil, Frei Cristóvão de Lisboa (RÖWER, 1951; SALVADOR, 1918; WILLEKE, 1977 e FREYRE, 1959), no início dos Seiscentos, escrevera uma história natural do Brasil, com desenhos detalhados e descrições das espécies, principalmente das ainda desconhecidas da ciência de então. O frade participava das missões do Norte e aliava o trabalho de evangelização nas selvas com suas pesquisas sobre os reinos vegetal, mineral e animal.

Sempre se conservou na província franciscana o amor às ciências, mas a seu maior desenvolvimento chegaram os estudos na segunda metade do século XVIII. Tornaram-se célebres os lentes franciscanos, tanto assim que os próprios bispos das duas dioceses existentes, do Rio de Janeiro e de São Paulo, pediam para os seus seminários os lentes da Ordem Franciscana.

Além disso, acontecia também quererem as câmaras aproveitar a ciência franciscana para o ensino do clero e da "mocidade estudiosa". Röwer dá notícia de lentes franciscanos de Filosofia em Vitória, Itu e Taubaté.

Hoornaert (1992b) lembra que os franciscanos escreveram diversas obras de filologia indígena. Aliás, a produção científica nesta área é mais extensa entre os seráficos do que entre os inacianos, pois os estudos etnológicos se passaram a integrar à tradição franciscana, desde o século XVI, quando o Frade Tavares, de Olinda, empenhava-se em estudos etnográficos, curioso de saber a língua, de conhecer as artes, de decifrar as crenças dos ameríndios (FREYRE, 1959: 142-143).

A formação sacerdotal nos conventos franciscanos exigia, após primeiras letras e gramática, 3 anos de filosofia – correspondendo ao ensino secundário –, 4 de teologia – superior – e um ano de tirocínio. Esta era também a organização dos estudos oratorianos e jesuíticos. Na verdade era o modelo do *Studium Generale* que fora adotado em Paris do século XIII pelo do Convento de Saint Jacques e seguido pelos franciscanos quando foram incorporados à universidade.

Além de filosofia e teologia, o Padre Geral determinara que nas províncias franciscanas se estabelecessem estudos de gramática para os jovens clérigos de acordo com as intenções do Sumo Pontífice:

> ...o mesmo Senhor com grande empenho e zêlo mandou estabelecer estudos de gramática em tôda a província para instruir os irmãos coristas, e a êste fim os isenta de todo o serviço braçal, que lhes tome o tempo, mandamos que assim se cumpra, como se pratica em todos os mais conventos, onde se estabeleceram os ditos estudos (RÖWER, 398).

A literatura sobre a Ordem Franciscana é tão modesta quanto seu próprio carisma. Não obstante a grandiosidade do trabalho desenvolvido, inexistem – disponibilizados – registros específicos sobre número de alunos, cursos, disciplinas ou métodos. O convento franciscano, núcleo de produção e difusão de saberes, é tratado simplesmente por convento, mesmo quando o de Santo Antônio do Rio de Janeiro possuía *status* de universidade, em 1776. O depoimento de um franciscano (*In:* FREYRE, 1959: 142-3) explica que os homens de estudo da ordem seráfica não são vaidosos, pois têm como forma de vida estar a serviço do próximo e de Deus.

Outro tema nevrálgico em relação às ordens e congregações era a aceitação de nativos à carreira eclesiástica. A Ordem Franciscana também não se constituiu em exceção, mas foi a mais acessível a esse respeito, pois em 1719 apenas um dos conventos, o do Rio de Janeiro, contava com 251 franciscanos, dos quais 161 eram brasileiros e 89 lusitanos (PIRES, 1937: 78). Isso mostra que cerca de 64% dos frades franciscanos eram nascidos no Brasil, índice superior ao dos jesuítas que em 1698 possuíam 37,20% de brasileiros atingindo a maior proporção em 1732, com 45,30% de religiosos brasileiros (LEITE, 1965: 237).

Os conflitos entre clero regular e secular, nas relações das organizações do próprio clero regular, ou entre clero e governo, atravessaram os tempos e ainda se manifestam nos escritos contemporâneos nos quais a parcialidade se explicita. Os adeptos do "jesuitismo" culpam outros religiosos por corrupção, imoralidade, insuficiência de saber; os partidários dos franciscanos realizam críticas idênticas sobre os jesuítas; ambos ampliam tais condenações dirigindo-as aos seculares.

Röwer, por exemplo, afirma que enquanto os jesuítas se abstinham da educação elementar, os franciscanos praticavam-na piedosamente para atendimento da população. Relata ainda vários eventos para explicitar a ganância jesuítica por poder, a exemplo de um processo que os inacianos teriam instaurado requisitando o Santuário da Penha: "...alegando o voto de pobreza altíssima que a nossa ordem professa" (p. 205).

Os arquivos pesquisados por Hoornaert mostram situações nas quais os franciscanos incitaram colonos e índios contra os jesuítas. O inverso, de outro evento, foi registrado por Azevedo (1918: 208), o mais conhecido biógrafo de Vieira. Ele conta que, quando os jesuítas tentavam a conquista espiritual, "...e também um tanto temporal, d'aquella ignota região". – Maranhão – e os seráficos foram recebidos pelos colonos com animosidade, atendendo recomendações da Companhia de Jesus.

Os conflitos também se davam contra os jesuítas: Frei Christovam, custódio dos franciscanos, queixava-se de Luiz Figueira, " a quem imputava crear-lhe desintelligencias com o Capitão mór". Em carta aos superiores da Europa o missionário relatava: "Figueira é o atiçador das mais dessas cousas, só com o intento de ficar com as aldeias" (p. 210). Este jesuíta também orientava que seus pares questionassem os ensinamentos que os franciscanos ministravam, desautorizando-os diante dos gentios.

Azzi fala dos problemas em relação ao clero secular, do que se deixava absorver por atividades profanas tanto no comércio como na política. "O clero de Portugal nos séculos XVI e XVII não primava pela vida moral. E é de lá que vinha o maior contingente de clérigos para a colônia brasileira." Acrescenta que a vida no Brasil oferecia grandes dificuldades para a manutenção de normas morais: "Liberdade, promiscuidade e relaxamento moral marcavam a sociedade colonial, onde ainda não se conseguira impor os padrões de vida europeus. A facilidade de relações sexuais com índias e negras é geral em toda a colônia, e os elementos do clero deixam-se envolver por esse clima de permissibilidade" (AZZI, 1992: 134).

Hoornaert (1992b) questiona o posicionamento dos mercedários e dos franciscanos, acusando-os de trabalhar em prol do colonizador, ao contrário dos inacianos que defendiam os índios. Esse mesmo autor abominou o fato de os franciscanos aceitarem a messe que antes era da alçada dos capuchos, mas considerou perfeitamente natural que os jesuítas assumissem espaços dos oratorianos motivando que os mesmos precisassem se embrenhar nos sertões mais distantes para conseguir uma área própria de evangelização.

Críticas a todo o clero realizada por D. Constantino Barradas, bispo do Brasil, quando escrevia ao Santo Ofício dando seu parecer sobre a Bahia: "...esta terra, onde há muita gente nova na fé, e outra estrangeira, e uns piores que aqueles de que se espera mais exemplo, que parece vieram à terra a ajuntar dinheiro, e não a fazer justiça" (SOUZA, 1986: 254).

Anchieta, Nóbrega e Vieira, dentre muitos, abordam a mesma temática, e não raramente foi associada às condições precárias da Terra, e, como se houvesse algum comando mecânico acionado pela menção à terra, imediatamente o discurso se encaminhava para a má qualidade das gentes (Anchieta e Vieira), dos boçais (Vieira), cães e porcos (Nóbrega) etc.

Como se percebe, todas as facções acusam a todas, sendo pertinente a definição de Röwer de "lutas intestinas", ou seja, pelejas travadas nas vísceras da estrutura eclesiástica, fermentando ódios e causando digressões do próprio espírito missionário. Essa contenda se prestava a dissimular as questões de indefinição da Igreja e do Estado quanto à delegação de tarefas e áreas às várias organizações, bem como ao cumprimento dos compromissos de financiamento da empreitada evangelizadora. Na insuficiência de recursos, as sociedades religiosas tentavam ampliar o número de aldeias, colégios e hospitais, tornando-os produtivos. Tal alternativa criou verdadeiros impérios provocando a cobiça mútua e do próprio governo. Por outro lado, estes aldeamentos – não raramente concretizados com muito sangue – se prestavam às políticas territoriais de interiorização e preservação de fronteiras. Aliás, da parte dos governantes locais, sob este sentido é que tais práticas eram toleradas.

Em 1760, dos 670 jesuítas que aqui missionavam, 417 embarcaram rumo ao exílio, "...mas um ou outro já de idade ficou em terra, como ficaram nelas os noviços e quase todos os que ainda estudavam" (LEITE, 1965: 231). Isso significa que 38% dos inacianos permaneceram na colônia, e conforme Pachêco (1968), Lima (1985) e Pauli (1997), permaneceram em suas funções, trocando apenas de batina, passando para o clero secular. Naturalmente que o espólio foi disputado entre os seculares e regulares, pois, se desde o início das missões as disputas aconteciam, calcule-se com o "trono vago" e propriedades por transmitir.

Pachêco (1968) realizou um levantamento, restrito ao Maranhão, dos bens das organizações religiosas, indicando que as outras ordens somavam uma esfera de atuação maior do que a dos inacianos. E mais: Mott (1988) afirma que quantitativamente os seculares sempre superaram, com larga vantagem, o total de religiosos regulares. Tais levantamentos conduzem a aferição de que, no cômputo geral, os padres da companhia compunham menos de um quarto dos "embatinados" da América Portuguesa. Isso corrobora com a procedência da suspeita levantada neste estudo acerca do "jesuitismo".

O panorama geral do levantamento numérico evidencia, ainda, a imensa infraestrutura material de posse dos religiosos, justificativa real para conflitos, e que esses padres católicos e missionários eram escravagistas, na proporção de suas riquezas. E se os franciscanos detinham menor número de propriedades diante da opção de um trabalho mais urbano, de educação, não se abstinham do cativeiro do mais fraco. Além disso, percebe-se o real motivo das simpatias do governo e dos colonos pela ordem seráfica, pois não constituiu império – pelo menos visível e calculável – que suscitasse a cobiça dos colonos ou do governo.

Quanto às acusações de que estes ou aqueles religiosos se mostravam mais ignorantes ou menos morais, os registros mostram seculares e regulares – tanto franciscanos, jesuítas, carmelitas etc. – em situações similares de pouca instrução e grande incidencia de prevaricação, luxúria, sodomia, dentre outras práticas, comuns a todas as organizações.

Enfim, essa busca nos *bas-fonds* da educação no período colonial trouxe elementos que permitem: contestar a história tradicional e mostrar que sua escritura não primou pela tão propalada neutralidade científica, constituindo o viés do "jesuitismo"; desconstruir a concepção da exclusividade das ações educativas jesuíticas e do elevado padrão de erudição que lhes era atribuído; inferir que a educação ao encargo dos religiosos, partindo de uma diversidade de agentes, pautava-se em práticas similares que, em nome de Deus e de Portugal, escravizavam a população nativa; abrir leques de novos objetos para pesquisas e reflexões sobre a trajetória da educação brasileira.

REFERÊNCIAS

ARANHA, M.L. **História da educação**. São Paulo: Moderna, 1989.

AZEVEDO, F. **A cultura brasileira**. 6. ed. Brasília; Rio de Janeiro: UnB; UFRJ, 1996.

AZEVEDO, J.L. **História de Antonio Vieira**. Tomo II. Lisboa: Livraria Clássica, 1918.

AZZI, R. **A Igreja e o menor na história social brasileira**. São Paulo: CEHILA, 1992.

FRANCISCANOS. **Primeiros franciscanos no Brasil**. http://www.arquidiocese.org.br/historia.htm

FREYRE, G. **A propósito de frades**. Bahia: Publicações Universidade da Bahia, 1959.

GHIRALDELLI JR., Paulo. **História da educação**. São Paulo: Cortez, 1990.

HOORNAERT, E. (coord.). **História da Igreja na Amazônia**. Petrópolis: Vozes, 1992b.

HOORNAERT, E.; AZZI, R. (orgs.). **História da Igreja no Brasil**: Ensaio de interpretação a partir do povo. Primeira Época. 4. ed. Petrópolis: Vozes, 1992.

LEITE, S. **Breve história da Companhia de Jesus no Brasil**: 1549-1760. Braga: Livraria Apostolado da Imprensa, 1965.

LIMA, E. **A Congregação do Oratório no Brasil**. Petrópolis: Vozes, 1985.

LOYN, H. **Dicionário da Idade Média**. Trad. Álvaro Cabral. Rio de Janeiro: Jorge Zahar, 1997.

MOTT, L. **Santos e Santas no Brasil colonial**. Fortaleza: Fundação Waldemar Alcântara, 1994.

NÓBREGA, M. **Cartas do Brasil e mais escritos do Pe. Manuel da Nóbrega**. Belo Horizonte: Itatiaia, 2000.

PACHÊCO, F. **História eclesiástica do Maranhão**. São Luiz: Departamento de Cultura do Estado do Maranhão, 1968.

PALAZZOLO, J. **Nas selvas dos vales do Mucuri e do Rio Doce**. Prefácio de Alceu Amoroso Lima. Petrópolis: Vozes, 1945.

PAULI, E. **Santa Catarina Colonial**. Enciclopédia Simpozio http:// www.cfh.ufsc.br/~simpozio/portugue.html 1997.

PIERONI, G. **Os excluídos do reino**. São Paulo; Brasília: Imprensa Oficial do Estado de São Paulo; UnB, 2000.

PIRES, P.H. **A paisagem espiritual do Brasil no século XVIII**. São Paulo: Gymnasio S. Alberto; São Paulo, 1937.

RIBEIRO, M.L.S. **História da educação brasileira**: A organização escolar. 13. ed. São Paulo: Autores Associados, 1993.

ROMANELLI, O. **História da educação no Brasil**. 13. ed. Petrópolis: Vozes, 1991.

RÖWER, B. **Páginas de História Franciscana no Brasil**. 2. ed. Petrópolis: Vozes, 1957.

SALVADOR, V. **História do Brasil**. Rev. Capistrano de Abreu. São Paulo; Rio de Janeiro: Weiszflog Irmãos, 1918.

SOUZA, Laura de Mello e. **Notas sobre a vida quotidiana das degredadas da Inquisição no século XVII**. História: Questões & Debates, Curitiba 7(13):252-258. Dez. 1986.

TEIXEIRA, A. 1900-1971. Ensino superior no Brasil: Análise e interpretação de sua evolução até 1969. http://www.prossiga.br/anisioteixeira/livros/chama 1989.

TODOROV, T. **A conquista da América**: A questão do outro. São Paulo: Martins Fontes, 1983.

WILLEKE, V. **Franciscanos na história do Brasil**. Petrópolis: Vozes, 1977.

ANEXO III
Exemplo de artigo acadêmico

UM RETRATO SOBRE O ENSINO DA FILOSOFIA NAS ESCOLAS PÚBLICAS DO PARANÁ

AUTOR: GERALDO BALDUINO HORN – DTPEN/UFPR

RESUMO

Tomando como referência o tema central deste evento "Conhecimento local e conhecimento universal", este texto procura descrever e analisar, partindo da realidade local do Ensino Médio no Paraná, o perfil do professor de Filosofia da rede pública paranaense. Parte de uma ampla pesquisa de campo que explicita o regime de trabalho do professor, sua formação acadêmica – tanto relativa aos cursos de licenciatura como à pós-graduação –, ano de conclusão de curso, disciplinas que leciona, tempo de docência de Filosofia. Relata também as perspectivas dos docentes quanto ao ensino da Filosofia, objetivos de ensino que perseguem, organização e desenvolvimento dos conteúdos filosóficos tratados nas aulas. Mesmo considerando as inúmeras dificuldades de se estabelecer uma análise objetiva sobre o ensino da Filosofia na medida em que, do ponto de vista legal, na atual Lei de Diretrizes de Base da Educação Nacional (LDBEN) a Filosofia não aparece como disciplina da base comum do currículo do Ensino Médio, o presente artigo sinaliza para uma perspectiva propositiva no tratamento da temática. Parte-se do pressuposto de que pensar sobre o ensino de filosofia significa pensar o contexto de um saber escolar, um conhecimento que possui uma certa organização de cunho pedagógico, e a forma como os professores o entendem; isto é, há um saber escolar que se manifesta através do currículo, que garante, em última instância, à escola o desempenho de sua principal função: viabilizar as condições de apropriação dos conhecimentos.

PALAVRAS-CHAVE:

Ensino da Filosofia, ensino médio, conteúdos filosóficos, objetivos de ensino, organização dos conteúdos, metodologia.

UM RETRADO SOBRE O ENSINO DA FILOSOIFA NAS ESCOLAS PÚBLICAS DO PARANÁ

GERALDO BALDUINO HORN – DTPE/UFPR

Texto apresentado e publicado no volume 4 – ENDIPE

INTRODUÇÃO

Um amplo debate e a variedade de estudos sobre a inclusão da Filosofia como matéria escolar que vêm sendo realizados, principalmente a partir de princípios da década de 1980. O resgate histórico da trajetória do ensino de Filosofia manifesta que esta disciplina, ao contrário das outras que atualmente compõem o currículo do Ensino Médio, necessita ainda conquistar seu espaço, tanto no campo político-institucional – legal – como nos planos de sua consolidação curricular e de prática pedagógica, ao lado das demais áreas do conhecimento. Além da asserção de que – enquanto ensino – a Filosofia se apresenta na atual conjuntura educacional como um rico espaço de reflexão e ação, há o argumento básico que sustenta esta reivindicação o qual está posto na clareza de que a Filosofia possui estatuto próprio, um conteúdo a ser ensinado como as demais disciplinas, tornando, assim, legítima sua inclusão na grade curricular. Sob este entendimento, emergem ainda indagações sobre a natureza dos conteúdos filosóficos a serem ensinados e os pressupostos metodológicos que fundamentam a prática do ensino de Filosofia.

A semântica legislativa (o Artigo 36 da Seção IV, Capítulo II, Título V, que expõe sobre a organização e estrutura do currículo do nível médio, menciona apenas, em seu Parágrafo 1º – Item III, que: "Os conteúdos, as metodologias e as formas de avaliação serão organizadas de tal forma que ao final do Ensino Médio o educando demonstre: ... domínio dos conhecimentos de Filosofia e Sociologia necessários ao exercício da cidadania.") que atravessa o discurso legal permite identificar contradições diversas. O texto aponta, mas não define nem assegura como o saber filosófico será proporcionado ao estudante de Ensino Médio.

Na prática, por um lado, há ainda um questionamento, ou mais do que isto, um preconceito fortemente arraigado à nossa cultura escolar que ainda põe em dúvida se a Filosofia tem ou não um conteúdo próprio a ser ensinado como as demais disciplinas, tornando assim legítimo reivindicar sua inclusão obrigatória na grade curricular. Por outro, há aqueles que, imbuídos de conhecimentos filosóficos, reconhecem o vasto estatuto de mais de 2500 anos que a Filosofia construiu, mas possuem dúvidas quanto à necessidade de torná-la uma disciplina escolar.

O recorte aqui proposto contempla alguns dos componentes centrais que constituem uma disciplina escolar, isto é, com que objetivos se ensina, com que critérios os conteúdos são selecionados, organizados e trabalhados, bem como, quais os recursos didáticos e as perspectivas metodológicas que o professor utiliza para realizar a transposição didática entre o conhecimento acadêmico e o saber possível de ser apropriado pelos alunos, ou seja, dos conteúdos filosóficos pertinentes e elaborados adequadamente para a assimilação em sala de aula. Toma-se aqui como referência o conceito de transposição didática de Chevalard, mais precisamente quando diz que "*Un contenido de saber que há sido designado como saber a enseñar, sufre a partir de entonces um conjunto de transformaciones adaptativas que van a hacerlo apto para ocupar um lugar entre los objetos de enseñanza. El 'trabajo' que transforma de um objeto de saber a enseñar en un objeto de enseñanza, es denominado la transposición didática*" (1991:45).

A escolha destes componentes deve-se ao fato de que, em certo sentido, toda disciplina escolar dentro da nossa tradição cultural se compõe a partir destes elementos.

RETRATANDO A REALIDADE DO ENSINO DE FILOSOFIA NO PARANÁ

Com o objetivo de descrever a maneira como a filosofia está inserida no currículo do Ensino Médio das escolas públicas estaduais paranaenses, a seguir, serão apresentados alguns dados significativos em relação aos percentuais, particularmente, sobre o perfil dos professores que trabalham com a disciplina, desde a formação acadêmica, as matérias que ministram e o tempo que lecionam na área, bem como quanto ao processo de *transposição didática* dos conteúdos filosóficos no Ensino Médio, ou seja, os objetivos de ensino, a organização e o desenvolvimento dos conteúdos.

Os dados que pautaram o relato e a análise que a seguir serão apresentados foram obtidos de questionários respondidos por 285 (duzentos e oitenta e cinco) professores – de um universo de 1010 (mil e dez) – de escolas públicas do Ensino Médio no Paraná, no ano de 1999. Nesta época, a disciplina de Filosofia estava presente em 460 (quatrocentos e sessenta) dos 1018 (mil e dezoito) estabelecimentos de Ensino Médio do Estado.

Quanto à legitimidade e validade desta pesquisa hoje, em 2004? Contatos recentes realizados com a coordenação de Filosofia do Departamento de Ensino Médio da Seed indicam que os dados quantitativos levantados nesta época permanecem atuais na medida em que o quadro funcional e a distribuição da disciplina de Filosofia no interior da escola praticamente é o mesmo. No entanto, é importante lembrar que do ponto da organização da disciplina no âmbito do currículo e de programas e eventos de atualização dos professores da área houve um salto qualitativo bastante expressivo. Em um dos itens da conclusão esta compreensão está melhor explicitada.

Com o levantamento de dados pretendeu-se avaliar o grau de entendimento e de dificuldade presentes na prática de ensino da Filosofia no nível médio, bem como apontar possíveis aspectos importantes da prática dos professores de filosofia, possibilitando, dessa forma, sugerir novas perspectivas no entendimento do saber escolar através do currículo.

Em relação ao **REGIME DE TRABALHO**, constatou-se que 48% fazem parte do quadro efetivo e 49% são celetistas do quadro próprio da Secretaria de Estado da Educação e 2% estão vinculados ao Paranaeducação, o que significa dizer que 51% dos professores têm contratos em regime CLT. O atual quadro de pessoal da Secretaria de Estado da Educação (SEED) – docentes e técnico-administrativos – encontra-se regido, basicamente, por dois tipos de contratos de trabalho diferenciados, quais sejam: efetivos e CLT.

Em geral, os concursos públicos de provas e títulos para provimento do cargo de professor realizados pela Secretaria de Estado da Educação do Paraná, a exemplo daquele ocorrido recentemente (2001), não contemplam a disciplina de Filosofia. O último que incluiu seleção para esta disciplina foi o de 1991, promovido, portanto, há onze (11) anos. Grendel (2000) concluiu que no Paraná realizou-se concurso para Filosofia somente em 1951 e que em 1971 organizou-se uma prova, não obtendo comprovação se a mesma foi efetivamente realizada.

O concurso de 1991, segundo Grendel, visava o preenchimento de quarenta e oito (48) vagas. Dos cento e treze (113) candidatos inscritos, foram aprovados vinte e sete (27) e apenas treze (13) nomeados. "Para Curitiba, foram nomeados cinco (5) professores. Atualmente as escolas da rede pública de Curitiba não contam com professor concursado nessa disciplina. Dos únicos três (3) professores concursados que continuam no magistério, dois (2) atuam no município de Toledo e um (1) no município de Pato Branco" (p.8).

Quanto à **FORMAÇÃO ACADÊMICA** dos profissionais que atuam com a disciplina de Filosofia, percebeu-se que dos 285 professores pesquisados, 175, correspondendo a 61% deste total, possuem curso de especialização e 8, ou seja, 3% tem curso de mestrado e 1 é doutor. Somando-se o nível pós-graduação *lato* e *stricto sensu* chega-se a um total de 64%. Os professores apenas com graduação atingem 32%.

Principalmente, diante das dificuldades financeiras e da natureza do contrato de trabalho, grande parte dos professores (64%) recorre aos cursos de pós-graduação em busca de maior segurança. O Estatuto do Magistério (1976) prevê a elevação de nível para os professores com pós-graduação, o que eleva consequentemente seu salário. De certa forma, pode-se afirmar que esse incentivo, em contrapartida, ajuda impulsionar o processo de qualificação dos professores em nível de pós-graduação. Esses cursos, em geral, são pagos e ocorrem em finais de semana. Raros são, hoje, os cursos ofertados gratuitamente pelas universidades públicas, dada a profunda crise em que o setor se encontra atualmente.

Em relação à **NATUREZA DO CURSO DE GRADUAÇÃO** dos professores de Filosofia foi possível observar que apenas 71, isto é, 25% deles, são efetivamente graduados em Filosofia. Por outro lado, a maior parte – 121 professores – correspondendo a 42%, possuem licenciatura em Pedagogia, 13% em História e os demais, 9%, são graduados em outros cursos da área de ciências humanas.

O fato de haver um número reduzido (25%) de professores que atuam com a disciplina de Filosofia, graduados na área, tem ao menos duas explicações importantes: a) com o desmonte dos cursos de Magistério, por consequência da implantação da nova LDB, os professores responsáveis pelas cadeiras de fundamentos da educação como a Psicologia, a Sociologia, a Metodologia, entre outras, reivindicaram para si a disciplina de Filosofia. Profissionais que na sua maioria são formados em outras áreas, não possuindo, portanto, formação específica em Filosofia; b) há uma tendência de ver a licenciatura como secundária, o que por consequência, implica a formação de um contingente menor de alunos graduados a cada ano.

A estrutura curricular dos cursos da PUCPR (Curitiba) e UEL (Londrina) e Facipal (Palmas) já superou essa dicotomia, de forma que todos os alunos, no final de sua formação, possuem o título de licenciados. Acredita-se, mesmo assim, que anualmente o número total de graduados em licenciatura em todo o Estado, com autorização para lecionar, chega, no máximo a 150. Dentro disso, é preciso lembrar mais dois aspetos: – a maioria que se forma pela PUCPR é recrutada pelas congregações religiosas ou seminários, portanto, oriunda de vários Estados, e quando não prosseguem os estudos, geralmente voltam para seus Estados de origem; – a licenciatura em Filosofia, principalmente nos dias atuais (a partir de 1997) com o fim da regulamentação via carteira profissional, que era expedida e controlada pelo MEC, na qual constavam as disciplinas autorizadas que podiam ser ministradas pelo profissional, abriu ainda mais o campo de atuação do filósofo, na medida em que a direção de um estabelecimento de ensino, pela análise do histórico escolar, tem a autonomia de avaliar o professor e admiti-lo para atuar nas disciplinas em que está **apto** ou **habilitado**. Com isso, é muito comum – por várias razões, desde o preenchimento da carga horária no mesmo estabelecimento, até acordos com a direção – que o professor formado em Filosofia ocupe cadeiras, principalmente de História, de Sociologia, de Geografia, consideradas disciplinas afins da área de ciências humanas. Neste caso, o reverso também é verdadeiro. Isso pode ser observado em relação aos formados em História (13%) que dão aulas de Filosofia.

Os dados também apontam que a década de 1990 foi responsável pela formação de 52% dos professores e a década de 1980, por 33%. Somando-se as duas décadas obtém-se um total de 85%. Pelo ano de conclusão de curso, nota-se, portanto, que a maioria dos professores terminou seus cursos no período posterior à hegemonia do poder dos militares no Brasil. Percebe-se que a formação dos professores é bastante recente, o que, em parte, deve-se à rápida expansão nos últimos anos dos cursos que compõe a área de ciências humanas, principalmente do curso de Filosofia, após longos anos de desvalorização, reclusão e repressão declarada por parte do poder político do Estado brasileiro.

Com relação ao **CURSO DE PÓS-GRADUAÇÃO**, ressalta-se aqui que apenas 10 professores, correspondendo a 4% do total, cursaram a pós-graduação em Filosofia, sendo superado inclusive por História que atinge 7%. A maioria deles, 56%, é pós-graduada em educação. Três razões ajudam a entender porque a maioria optou por cursos relacionados ao campo estritamente pedagógico: a) a maior parte dos professores de Filosofia, 42%, é formada em Pedagogia; b) a ascensão de nível é permitida quando o curso realizado está relacionado diretamente à área maior, que neste caso é a educação; isso não significa dizer que os cursos de pós em Filosofia não possuem relação com o campo pedagógico e sim o fato de priorizarem o conhecimento específico e não o pedagógico; c) há maior oferta de cursos na área de educação.

O fato de apenas 4% dos professores possuir pós-graduação em Filosofia, por um lado, justifica-se quando relacionado ao percentual de apenas 25% efetivamente graduados no curso de Filosofia e, por outro, a pequena oferta de cursos de pós-graduação específicos da área.

Dos 285 professores, apenas 6% trabalham exclusivamente com o ensino da Filosofia. Em contraposição 87% atuam em outras disciplinas além da Filosofia, tais como História, Geografia, Ensino Religioso. Em 4% das respostas, a Filosofia simplesmente não aparece. Acredita-se que ao responder, o professor possa ter entendido que deveria assinalar as outras disciplinas além da Filosofia, já que os questionários foram enviados respeitando-se o critério único: "ser professor(a) de Filosofia da rede estadual do Ensino Médio paranaense". Somando-se os 4% aos 87% tem-se um dado surpreendente: 91% de professores estão ligados a outras disciplinas, além da Filosofia.

Foi evidenciado que o professor tem de lecionar várias disciplinas. Tal fenômeno pode ser explicado considerando-se a necessidade que ele possui de assumir uma carga horária semanal avantajada podendo chegar a 36 ou 40 horas dependendo do regime, CLT ou efetivo, respectivamente, como condição básica de sua sobrevivência, a qual somente com aulas de Filosofia não consegue satisfazer. Isto porque a carga horária semanal de Filosofia adotada pela maioria das escolas não ultrapassa 3 horas semanais, somando-se as três séries do Ensino Médio. Esta mesma situação também se dá com outras disciplinas como História, Geografia, Sociologia etc.

Quanto ao **TEMPO EM QUE A DISCIPLINA ESTÁ PRESENTE NO CURRÍCULO**, pode-se observar com clareza que sua inclusão é bastante recente, na medida em que 60% das escolas pesquisadas incluíram a disciplina no currículo entre os anos de 1998 e de 1999. Somando-se os últimos quatro anos (1996 a 1999), é possível observar que esse período representou um grande salto quantitativo, isto é, 79% dos estabelecimentos incluíram a disciplina de Filosofia nos currículos. O período anterior (5 a 10 anos e mais de 10 anos) corresponde, apenas, a 12%.

A inclusão da disciplina de Filosofia nos currículos nos últimos anos tem relação, entre outros fatores, com as mudanças ocorridas na legislação. Ocorreu um pequeno avanço após o ano de 1982, quando foi promulgada a Lei n. 7044/82, a qual, mesmo que timidamente, impulsionou a reinserção da Filosofia no currículo, e de forma mais incisiva a partir de 1996 com a aprovação da nova

LDB (Lei 9394/96), que enfatiza a importância do conhecimento filosófico na formação do adolescente. Essa lei é, certamente, a principal responsável pelo grande salto numérico da inclusão da Filosofia nas escolas estaduais de Ensino Médio do Paraná.

Os dados a seguir apresentados contemplam alguns dos componentes centrais que constituem uma disciplina escolar, isto é, com que objetivos se ensina, com que critérios os conteúdos são organizados – selecionados – e com que recursos didáticos e perspectiva metodológica o professor transpõe os conteúdos filosóficos em sala de aula. A escolha destes componentes deve-se ao fato de que, em certo sentido, toda disciplina escolar dentro da nossa tradição cultural se compõe a partir destes elementos.

Sobre os **OBJETIVOS DE ENSINO** foi possível observar que 44% dos professores responderam que cabe à filosofia unicamente, despertar a reflexão crítica. Ao não se considerar as respostas isoladamente, ou seja, somando-se o objetivo de pensar crítico a outras preocupações como o cotidiano, a metodologia e os valores, chega-se a um **total de 68%.** O dado de certa forma comprova o que está presente nos textos e nas discussões sobre esse assunto. É lugar-comum entender que cabe à filosofia a missão de aguçar e treinar o espírito crítico no aluno, papel que a literatura pedagógica crítica também propõe à escola.

Tendo em vista o fato de que a maioria das respostas relaciona o objetivo da disciplina com **reflexão crítica** (formação crítica), impôs-se a necessidade de apresentar a forma como esta expressão é entendida e apropriada pelos professores, isto é, que sentido ou que significado lhe é conferido. Para tanto, após uma atenta leitura e minuciosa separação/classificação das 194 respostas (68%), chegou-se à conclusão que: a) 100 (51,6%) apresentam a expressão como conscientização/práxis/intervenção na sociedade; b) 75 (38,8%) a empregaram como desenvolvimento do raciocínio, da argumentação, leitura crítica de textos; e c) 18 (9,5%) simplesmente a designaram sem explicitar seu sentido.

Quanto à **ORGANIZAÇÃO DOS CONTEÚDOS**, por um lado, 32% simplesmente indicaram temas aleatórios, soltos, não sendo possível observar a existência de critérios para tal seleção; por outro lado, 32% demonstraram que, além de não haver uma articulação intrínseca, valorizaram mais os aspectos metodológicos e as técnicas de ensino. Outros 2% revelaram que os programas de aula não foram estruturados a partir da concepção do próprio professor, mas sim pela direção da escola ou copiados de planos indicados pela Seed. Há ainda

9% das respostas que mencionam seguir a ordenação dos conteúdos apresentados nos livros didáticos de Filosofia.

Em relação ao **DESENVOLVIMENTO DOS CONTEÚDOS** constatou-se que 30% dos professores apontaram a participação dos alunos nas aulas através de debates, seminários e realização de trabalhos escritos e pesquisas extraclasse como estratégias para o desenvolvimento das aulas. Apenas 1% aponta para a aula expositiva como única estratégia metodológica utilizada no ensino de filosofia, no entanto, quando associada a outras técnicas aparece em 36% das respostas. O uso de recursos como texto, quadro, filmes, retroprojetor foi apontado por 86% dos professores. Ficou também evidenciado que a participação dos alunos nas aulas é de grande relevância do ponto de vista metodológico, na medida em que foi mencionada em 80% das respostas.

Há um aspecto, portanto, que chama atenção quando se analisa o processo de transposição dos conteúdos que diz respeito à participação do aluno nas aulas (80%). Diante disto, é preciso perguntar-se: de que forma os alunos participam das aulas de Filosofia? Para tanto, buscou-se compreender, a partir das respostas como se dá esta participação. Dos 228 (80%) dos respondentes, que indicaram a participação dos alunos nas aulas, 190 (83,3%) apontaram os debates, as discussões e as leituras em sala como os principais meios de participação; outros 34 (14,9%) apontaram para a apresentação de trabalhos/seminários e 25 (10,9%) sinalizaram para produção de textos e pesquisas realizadas individualmente ou em grupo em sala de aula.

CONCLUSÃO

1. **Da inserção da Filosofia no currículo**: a Filosofia de fato está presente em uma significativa parcela das escolas públicas do Estado. Mas ela não está presente com a sua história, com a sua especificidade, com a sua lógica própria, com a sua cidadania de mais de 2500 anos de existência. Ela está presente, no mais das vezes, como religião, moral e cívica, psicologia, sociologia, quando muito, como superação do senso comum ou com crítica da cultura. Há, como também pode-se verificar em algumas escolas, uma seleção de temas que sugerem conteúdos claramente filosóficos, que buscam abordar e interpretar textos de natureza clássica relacionando-os com temas do cotidiano.

2. **Da organicidade de programa mínimo de conteúdos**: de modo geral, os conteúdos filosóficos que os professores ensinam, não possuem nenhuma

unidade. Unidade não significa aqui programas iguais ou conteúdos que tenham a mesma ordenação ou sequência; trata-se, na realidade, de pressupostos, princípios ou eixos que orientam a organização dos conteúdos. Isso mostra não só a falta de uma concepção de ensino e domínio dos conteúdos por parte do professor, como também, a falta de vontade política do Departamento de Ensino Médio da Secretaria de Educação, para implementar um currículo de Filosofia que contribua para o processo de organização didática dos professores.

Quando os professores descrevem os assuntos que trabalham em sala de aula fica clara a ausência de uma concepção que, ao mesmo tempo articule e dê sentido aos conteúdos e que sirva de referência à concepção filosófica da qual os professores partem. O mesmo ocorre na descrição sobre como esses conteúdos estão organizados na disciplina. Há um dado bastante significativo atingindo 14% das respostas que mostra a falta de critérios na seleção dos conteúdos que compõem o programa. Os professores mencionaram índices de livros didáticos, textos de revistas, necessidade dos alunos, a LDB, o Proem, a proposta de reestruturação do ensino médio da Seed, os conteúdos sugeridos por professores da área e que fazem parte do Núcleo Regional..., como elemento de apoio para organização e escolha dos conteúdos programáticos.

Não se trata, evidentemente, de negar as fontes indicadas como legítimas no processo de estruturação do plano de ensino. O problema é que elas não apresentam uma visão coerente do que é um conteúdo filosófico, ou seja, são documentos ou fontes genéricas, sem uma direção constituída. Se por um lado, é expressivo o fato de não haver uma coerência mínima na ordenação dos conteúdos, por outro, mesmo sendo a expressão de uma minoria, percebe-se a existência de um ensino realizado a partir de temas – problema filosóficos ou temas baseados na história da filosofia e no cotidiano do aluno. Essas perspectivas, de certa forma, indicam a presença de uma concepção mais orgânica e consegue imprimir à filosofia, um espaço e um estatuto como disciplina curricular.

3. **Do estatuto filosófico e seu ensino**: torna-se fundamental repensar o ensino da filosofia a partir de seu próprio estatuto e de sua constituição histórica, visto que não é possível pensar, por exemplo, num programa de conteúdos que contemple toda a história da filosofia, como também não é possível imaginar temáticas soltas, sem articulação. Além disso, é importante, considerar a pluralidade como elemento fundante da própria constituição da Filosofia que se manifesta nas mais diversificadas linhas filosóficas. Ou seja, é a partir do con-

junto de conceitos e concepções, que o conteúdo filosófico vai se moldando e se configurando, fornecendo assim, os elementos necessários para análise teórica e a compreensão do cotidiano vivenciado pelo aluno. Tal como as demais disciplinas, a filosofia carrega em si a possibilidade de desenvolver no homem sua estrutura cognitiva e intelectual, isto é, formar para a vivência social, cultural e política, e por consequência, para o exercício crítico e consciente da cidadania.

4. **Da atualidade da pesquisa (quantitativa) e dos avanços qualitativos**: com relação à legitimidade e à validade desta pesquisa como um todo nos dias atuais, é possível constatar com base nos contatos recentes realizados com a coordenação de Filosofia do Departamento de Ensino Médio da Seed que os dados quantitativos levantados nesta época (em 1999) permanecem atuais na medida em que nem quadro funcional e nem a distribuição da disciplina de Filosofia no interior da escola tiveram alterações significativas. No entanto, é importante lembrar que do ponto da organização da disciplina no âmbito do currículo e de programas e eventos de atualização dos professores da área houve um salto qualitativo bastante expressivo, principalmente a partir de princípios de 2003. Esse avanço deve-se principalmente em função do trabalho sistemático e consistente iniciado em **2001** pela professora de Filosofia, Valéria Arias, que ingressou na carreira docente por meio de concurso público realizado em 1991. Desde 1998 o Nesef (Núcleo de Estudos sobre Educação e Filosofia), vem mantendo contatos e discussões com a Seed acerca da necessidade de incluir a Filosofia no currículo. Em certo sentido, no governo anterior, o núcleo cumpria um papel mais reivindicatório que propriamente de consultoria como acontece hoje.

Em 2003 a área de Filosofia no interior do Departamento de Ensino Médio tomou novas proporções a começar com a criação de uma equipe de trabalho formada por mais dois professores de Filosofia da rede, a saber, Ademir Aparecido Pinhelli Mendes e Bernardo Kestring. O trabalho desta equipe possibilitou, a partir de então, um avanço significativo seja do ponto de vista da articulação, da expansão e da organização e ressignificação da disciplina no âmbito do currículo seja do ponto de vista do processo de atualização dos professores da área por meio de eventos, de cursos de capacitação promovidos pelo Departamento, bem como, de encontros, debates, seminários realizados em parceria com o Nesef.

ANEXO IV
Exemplo de resenha

MESZÁROS, István. *A Educação para além do capital*. São Paulo: Boitempo, 2005.

Alexandre Alves Bezerra[36]
Geraldo Balduino Horn[37]

Este livro, pelo que propõe, já surge como um clássico indispensável a quantos se interessam pelas questões educacionais contrárias aos modismos economicistas, as reformas apressadas e superficiais em curso no Brasil e em outros países da América Latina. É, pois, leitura obrigatória para nós estudantes dos cursos superiores, sobretudo aqueles ligados à formação de professores. Ainda que possamos afirmar que, entre estes estudos, muitos são de cunho crítico, e às vezes até denunciativo e contestatório, é clara a lacuna de perspectiva de mudança nesses trabalhos. Temos a impressão de que se formulou um falso consenso em torno da defesa da educação pública e gratuita para todos, o que tem encoberto diferenças de concepção de mundo e de projetos educacionais, ou até mesmo se negam tais diferenças. O debate sobre o novo modelo de regulação das políticas educativas no Brasil e na América Latina tem desvelado um projeto de organização e controle da educação de massificação do ensino, sendo ainda portador de uma lógica ambivalente: ao mesmo tempo que forma a força de trabalho exigida pelo mercado (capital) nos padrões atuais de qualificação, disciplina-se a pobreza crescente, condenada a uma vida sem futuro.

36. Professor de Filosofia e colaborador do Nesef/UFPR – Núcleo de Estudos e Pesquisas sobre o Ensino de Filosofia.

37. Professor de Metodologia e Prática de Ensino de Filosofia da UFPR; Coordenador no Nesef/UFPR.

Neste contexto, o livro ***A educação para além do capital***, escrito pelo professor-emérito da Universidade de Sussex, Istvan Mészaros, apresenta-se como contribuição singular, fala como um educador que se identifica como todos os outros que acreditam na educação como possibilidade de mudança. Produzido na forma de ensaio para a conferência de abertura do Fórum Mundial de Educação, realizado em Porto Alegre, em julho de 2004. O brilhante filósofo, em poucas linhas (o livro contém 80 páginas) dá a todos os educadores latino-americanos uma rica lição sobre o papel da educação. Em texto conciso e muito claro, Mészaros discorre sobre o papel da educação e suas possibilidades de contribuir na mudança social, bem como na manutenção da sociedade.

Contudo, relativiza o papel que a educação tem no processo de mudança social. Procura demonstrar que a educação, por si só, não é capaz de transformar a sociedade rumo à emancipação social. Talvez pelo fato de ter sido uma comunicação dirigida a um auditório particular, tem estilo mais suave e acessível do que, por exemplo, em sua obra mais erudita: *Marx: a teoria da alienação* (Jorge Zahar, 1979). Além disso, a edição do seu ensaio no Brasil apresenta-se, primorosamente, prefaciada pelo Professor Emir Sader e vem acompanhada dos comentários de orelha escrito pelo Professor Gaudêncio Frigotto.

Nesta obra, Mészaros, com a sabedoria de seus longos anos de estudos, tem como ponto de partida e de antecipação de suas reflexões três epígrafes de Paracelso, José Martí e Karl Marx ele enfatiza ser urgente "uma mudança que nos leve para além do capital, no sentido genuíno e educacionalmente viável do termo" (p. 25).

O que Mészaros nos propõe, desta vez, é a necessidade essencial de ultrapassarmos os "limites das mudanças educacionais radicais, feitas às margens corretivas interesseiras do capital" (p. 27), como condição para uma transformação social qualitativa e a criação de uma alternativa educacional significativamente diferente (p. 27). Ele argumenta que as propostas de reformas educacionais de Adam Smith e Robert Owen, por exemplo, embora estivessem revestidas de genuínas preocupações humanitárias ou se apresentassem como remédios contra os "efeitos alienantes e desumanizantes do poder do dinheiro e da procura do lucro". (p. 34), ambas, em sua perspectiva, não escapariam "a autoimposta camisa de força das determinações causais do capital (p. 35). De fato, ambas avançam pouco, fazendo propostas do ponto de vista do capital. Smith, segundo Mészaros, preocupa-se com o tempo de lazer dos jovens de seu século, quando se divertem na" intemperança e na libertinagem" (p. 29); entretanto, deixa de chegar às causas de tais divertimentos ou propor algo que pudesse romper núcleo alienante do sistema capitalista.

Owen, por sua vez, chama a atenção para a ferocidade do caráter dos jovens trabalhadores que vivem no "erro e na ignorância" e propõe que sejam educados com base na razão e no esclarecimento. Segundo Mészaros, ele, da mesma forma que Smith, não tem condições de superar os efeitos alienantes e desumanizantes do capitalismo. Daí é que nosso autor defende soluções essenciais e não meramente formais, pois considera que as determinações capitalistas afetam profundamente "*cada âmbito particular* com alguma influência na educação, e de forma nenhuma apenas as instituições educacionais formais" (p. 43).

Para o autor, *educação*, trata-se de uma questão de "internalização" pelos indivíduos, da legitimidade da posição que lhes foi atribuída na hierarquia social, juntamente com suas expectativas "adequadas" e as formas de condutas "certas", mais ou menos explicitamente estipuladas nesse terreno" (p. 44). Aqui não devemos ler internalização como processo de inculcação ideológica. Na realidade, Mészaros está falando de um processo complexo, em que a educação é parte. Processo que envolve a necessidade, por parte do capital, de manutenção ativa dos trabalhadores e, neste aspecto, é inegável a influência de Gramsci sobre suas ideias:

> Enquanto a *internalização* conseguir fazer o seu bom trabalho, assegurando os parâmetros reprodutivos gerais do sistema do capital, a brutalidade e a violência podem ser relegadas a um segundo plano (embora de modo nenhum sejam permanentemente abandonadas), posto que são modalidades dispendiosas de imposição de valores, como de fato aconteceu no decurso de desenvolvimento capitalista moderno. (p. 44)

Seria a mesma noção deixada por Gramsci: a hegemonia repousa sob a armadura da coerção.

Para Mészaros a universalização da educação, tema tão frequente nos discursos reformistas da educação a partir dos anos de 1990; só poderá ocorrer com a universalização do trabalho, pois tais dimensões têm caráter indissociável. Como então pensar reformas educacionais em uma realidade de crescente desemprego e concentração de renda? É por meio do esforço intelectual de procurar demonstrar que a mudança social requer o rompimento com determinadas estruturas que o autor vai conceber o caráter limitado das reformas, ao mesmo tempo que vai insistir na necessária distinção entre mudanças formais e essenciais.

Prosseguindo, advoga Mészaros que a chave mestra para nos evadirmos desta formidável prisão é o confronto e a alteração fundamental de "*todo* o sistema de *internalização*, com todas as suas dimensões, visíveis e ocultas" (p. 47). Em sua perspectiva isto impõe um rompimento com a lógica do capital na área educacional, substituindo-se as suas enraizadas formas de internalização por alternativa concreta abrangente.

As reformas educacionais essenciais, em sua proposta, precisam, portanto, ser profundas de modo a envolver a totalidade das práticas pedagógicas da sociedade, partindo-se do princípio que as instituições formais de educação, responsáveis pelo sistema global de internalização, não se restringem às escolas. Por essa razão, seu livro se intitula ***A educação para além do capital***. Aqui ele não se limita a discutir conteúdos programáticos das reformas em cursos, mas propõe-se a fazer uma genealogia, ainda que breve, da reforma e da educação. Propõe um debate que nos incita a procurar desvelar os reais motivos e interesses das reformas educacionais. E afirma, assim que: as mudanças, sob tais limitações, apriorísticas e prejulgadas, são admissíveis apenas com o único e legítimo objetivo de corrigir algum detalhe defeituoso da ordem estabelecida, de forma que sejam mantidas intactas as determinações estruturais fundamentais da sociedade como um todo, em conformidade com as exigências inalteráveis da lógica global de um determinado sistema de reprodução (p. 25).

Isto porque as determinações fundamentais do sistema do capital são irreformáveis; por isso há necessidade de se pensar a educação para além do capital. Somente "a mais ampla das concepções de educação nos pode ajudar a perseguir o objetivo de uma mudança verdadeiramente radical" (p. 48), capaz de nos proporcionar instrumentos contrários à lógica mistificadora do capital.

Ao nos advertir que "limitar uma mudança educacional radical às margens corretivas interesseiras do capital significa abandonar; de uma só vez, conscientemente ou não, o objetivo de uma transformação social qualitativa" (p. 35) e ao insistir que "é por isso que hoje o sentido da mudança educacional radical não pode ser senão o rasgar da camisa de força da lógica incorrigível do sistema: perseguir de modo planejado e consciente uma estratégia de rompimento do controle exercido pelo capital, com todos os meios disponíveis, bem como com todos os meios ainda a serem inventados, e que tenham o mesmo espírito" (p. 35).

Cabe-nos como a tarefa inadiável e intransferível, em suas recomendações, reivindicar coletivamente uma educação plena para toda a vida, porque, afinal, "a aprendizagem é a nossa própria vida" (p. 35) e sem ela deixarmos de desenvolver nossas personalidades e graus de estima. Para tanto se torna igualmente essencial manter sob controle o estado político hostil, realizar a *transformação progressiva da consciência* (p. 65) como condição de mudança das condições objetivas de reprodução, universalizar a educação e o trabalho como atividade humana autorrealizadora e, por fim, assegurar sua sustentabilidade, isto é, o controle consciente dos processos sociais capazes de garantir os recursos à educação no sentido mais amplo do termo.

Podemos tomar suas palavras como uma provocação ou um estímulo, quem sabe um convite a assumirmos nossa condição de sujeitos, capazes de escrever nossa história, ainda que a retórica pós-moderna negue a autoridade de certos argumentos, por não poder conviver com eles. Como ele mesmo nos observa:

> A recusa reformista em abordar as contradições do sistema existente em nome de uma presumida legitimidade de lidar *apenas com as manifestações particulares* – ou, nas suas variações "pós-modernas", a rejeição apriorística das chamadas *grandes narrativas* em nome de *petits récits* idealizados arbitrariamente – é na realidade apenas uma forma peculiar de rejeitar, sem uma análise adequada, a possibilidade de se ter qualquer sistema rival, e uma forma igualmente apriorística de *eternizar* o sistema capitalista. (p. 62-63)

A necessidade imperiosa de, neste momento, se pensar a educação para além do capital faz desse importante ensaio uma contribuição espetacular no debate educacional; mas, mais que isso, é convite a outra forma de pensar e conceber o mundo, uma pérola que somente um filósofo da estatura de Istvan Mészaros poderia oferecer.